LES MOUSQUETAIRES

VINGT ANS APRÈS

TROISIÈME PARTIE

Paris. — Charles UNSINGER, imprimeur, 83, rue du Bac.

LES MOUSQUETAIRES

VINGT ANS APRÈS

PAR

ALEXANDRE DUMAS

ILLUSTRÉS PAR J.-A. BEAUCÉ, F. PHILIPPOTEAUX, ETC.

TROISIÈME PARTIE

PARIS

CALMANN LÉVY, ÉDITEUR

ANCIENNE MAISON MICHEL LÉVY FRÈRES

3, RUE AUBER, 3

1886

J.A. BEAUCE.   PISAN.

VINGT ANS APRÈS

TROISIÈME PARTIE

CHAPITRE PREMIER.

CONVERSATION

Mordaunt avait été surpris si inopinément, il avait monté les degrés sous l'impression d'un sentiment si confus encore, que sa réflexion n'avait pu être complète.

Ce qu'il y avait de réel, c'est que son premier sentiment avait été tout entier à l'émotion, à la surprise et à l'invincible terreur qui saisit tout homme dont un ennemi mortel et supérieur en force étreint le bras au moment même où il croit cet ennemi dans un autre lieu et occupé d'autres soins.

5

1

Mais une fois assis, mais du moment qu'il s'aperçut qu'un sursis lui était accordé, n'importe dans quelle intention, il concentra toutes ses idées et rappela toutes ses forces.

Le feu du regard de d'Artagnan, au lieu de l'intimider, l'électrise pour ainsi dire : car ce regard, tout brûlant de menace qu'il se répandit sur lui, était franc dans sa haine et dans sa colère.

Mordaunt, prêt à saisir toute occasion qui lui serait offerte de se tirer d'affaire, soit par la force, soit par la ruse, se ramassa donc sur lui-même, comme fait l'ours acculé dans sa tanière et qui suit d'un œil, en apparence immobile, tous les gestes du chasseur qui l'a traqué.

Cependant cet œil, par un mouvement rapide, se porta sur l'épée longue et forte qui battait sur sa hanche ; il posa sans affectation sa main gauche sur la poignée, la ramena à la portée de sa main droite et s'assit, comme l'en priait d'Artagnan.

Ce dernier attendait sans doute quelque parole agressive pour entamer une de ces conversations railleuses ou terribles comme il les soutenait si bien.

Aramis se disait tout bas :

— Voilà bien des façons, mordieu ! pour écraser ce serpenteau !

Athos s'effaçait dans l'angle de la chambre, immobile et pâle comme un bas-relief de marbre, et sentant, malgré son immobilité, son front se mouiller de sueur.

Mordaunt ne disait rien.

Seulement, lorsqu'il se fut bien assuré que son épée était toujours à sa disposition, il croisa imperturbablement les jambes et attendit.

Ce silence ne pouvait se prolonger plus longtemps sans devenir ridicule.

D'Artagnan le comprit, et, comme il avait invité Mordaunt à s'asseoir pour *causer*, il pensa que c'était à lui de commencer la conversation.

— Il me paraît, monsieur, dit-il avec sa mortelle politesse, que vous changez de costume presque aussi rapidement que je l'ai vu faire aux mimes italiens que M. le cardinal de Mazarin fit venir de Bergame, et qu'il vous a sans doute mené voir pendant votre voyage de France

Mordaunt ne répondit rien.

— Tout à l'heure, continua d'Artagnan, vous étiez déguisé, je veux dire habillé en assassin, et maintenant...

— Et maintenant, au contraire, j'ai tout l'air d'être dans l'habit d'un homme qu'on va assassiner, n'est-ce pas ? répondit Mordaunt de sa voix calme et brève.

— Oh ! monsieur, reprit d'Artagnan, comment pouvez-vous dire de ces choses-là quand vous êtes en compagnie de gentilshommes, et que vous avez une si bonne épée au côté !

— Il n'y a si bonne épée, monsieur, qui vaille quatre épées et quatre poignards, sans compter les épées et les poignards de vos acolytes qui vous attendent à la porte.

— Pardon, monsieur, reprit d'Artagnan, vous faites erreur : ceux qui nous attendent à la porte ne sont point nos acolytes, mais nos laquais. Je tiens à rétablir les choses dans leur plus scrupuleuse vérité.

Mordaunt ne répondit que par un sourire qui crispa ironiquement ses lèvres.

— Mais ce n'est point de cela qu'il s'agit, reprit d'Artagnan, et j'en reviens à ma question. Je me faisais donc l'honneur de vous demander, monsieur, pourquoi vous aviez changé d'extérieur. Le masque vous était assez commode, ce me semble ; la barbe grise vous seyait à merveille, et, quant à cette hache dont vous avez fourni un si illustre coup, je crois qu'elle ne vous irait pas mal non plus en ce moment. Pourquoi donc vous en êtes-vous dessaisi ?

— Parce que, en me rappelant la scène d'Armentières, j'ai pensé que je me trouverais quatre haches pour une, puisque j'allais me trouver entre quatre bourreaux.

— Monsieur, répondit d'Artagnan avec le plus grand calme, bien qu'un léger mouvement de ses sourcils annonçât qu'il commençait à s'échauffer ; monsieur, quoique profondément vicieux et corrompu, vous êtes excessivement jeune, ce qui fait que je ne m'arrêterai pas à vos discours frivoles... oui, frivoles, car ce que vous venez de dire à propos d'Armentières n'a pas le moindre rapport avec la situation présente. En effet, nous ne pouvions pas offrir une épée à madame votre mère, et la prier de s'escrimer contre nous. Mais à vous, monsieur, à un jeune cavalier qui joue du poignard et du pistolet comme nous vous avons vu faire, et qui porte au côté une épée de la taille de celle-ci, il n'y a personne qui n'ait le droit de demander la faveur d'une rencontre.

— Ah ! ah ! dit Mordaunt. C'est donc un duel que vous voulez ?

Et il se leva, l'œil étincelant, comme s'il était disposé à répondre à l'instant même à la provocation.

Porthos se leva aussi, prêt comme toujours à ces sortes d'aventures.

— Pardon, pardon, dit d'Artagnan avec le même sang-froid ; ne nous pressons pas, car chacun de nous doit désirer que les choses se passent dans toutes les règles. Rasseyez-vous donc, cher Porthos, et vous, monsieur Mordaunt, veuillez demeurer tranquille. Nous allons régler au mieux cette affaire, et je vais être franc avec vous. Avouez, monsieur Mordaunt, que vous avez bien envie de nous tuer, les uns ou les autres.

— Les uns et les autres ! répondit Mordaunt.

D'Artagnan se retourna vers Aramis et lui dit :

— C'est un bien grand bonheur, convenez-en, cher Aramis, que M. Mordaunt connaisse si bien les finesses de la langue française ; au moins il n'y aura pas de malentendu entre nous, et nous allons tout régler merveilleusement.

Puis, se retournant vers Mordaunt :

— Cher monsieur Mordaunt, continua-t-il, je vous dirai que ces messieurs payent de retour vos bons sentiments à leur égard, et seraient charmés de vous tuer aussi. Je dirai plus, c'est qu'ils vous tueront probablement ; toutefois, ce sera en gentilshommes loyaux, et la meilleure preuve que j'en puisse fournir, la voici.

Et, ce disant, d'Artagnan jeta son chapeau sur le tapis, recula sa chaise contre la muraille, fit signe à ses amis d'en faire autant, et saluant Mordaunt avec une grâce toute française :

— A vos ordres, monsieur, continua-t-il ; car, si vous n'avez rien à dire contre l'honneur que je réclame, c'est moi qui commencerai, s'il vous plaît. Mon épée est plus courte que la vôtre, c'est vrai, mais, bast ! j'espère que le bras suppléera à l'épée.

— Halte-là ! dit Porthos en s'avançant ; je commence, moi, et sans rhétorique.

— Permettez, Porthos, dit Aramis.

Athos ne fit pas un mouvement.

On eût dit d'une statue; sa respiration même semblait arrêtée.

— Messieurs, messieurs, dit d'Artagnan, soyez tranquilles, vous aurez votre tour. Regardez donc les yeux de monsieur, et lisez-y la haine bienheureuse que nous lui inspirons; voyez comme il a habilement dégainé; admirez avec quelle circonspection il cherche tout autour de lui s'il ne rencontrera pas quelque obstacle qui l'empêche de rompre. Eh bien! tout cela ne vous prouve-t-il pas que M. Mordaunt est une fine lame et que vous me succéderez avant peu, pourvu que je le laisse faire? Demeurez donc à votre place comme Athos, dont je ne puis trop vous recommander le calme, et laissez-moi l'initiative que j'ai prise. D'ailleurs, continua-t-il, tirant son épée avec un geste terrible. j'ai particulièrement affaire à monsieur, et je commencerai. Je le désire, je le veux !

C'était la première fois que d'Artagnan prononçait ce mot en parlant à ses amis.

Jusque-là il s'était contenté de le penser.

Porthos recula, Aramis mit son épée sous son bras, Athos demeura immobile dans l'angle obscur où il se tenait, non pas calme, comme le disait d'Artagnan, mais suffoqué, mais haletant.

— Remettez votre épée au fourreau, chevalier, dit d'Artagnan à Aramis; monsieur pourrait croire à des intentions que vous n'avez pas.

Puis, se retournant vers Mordaunt :

— Monsieur, je vous attends.

— Et moi, messieurs, je vous admire. Vous discutez à qui commencera de se battre contre moi, et vous ne me consultez pas là-dessus, moi qui suis la chose regarde un peu, ce me semble. Je vous hais tous, c'est vrai, mais à des degrés différents. J'espère vous tuer tous, mais j'ai plus de chance de tuer le premier que le second, le second que le troisième, le troisième que le dernier. Je réclame donc le droit de choisir mon adversaire. Si vous me déniez ce droit, tuez-moi, je ne me battrai pas.

Les quatre amis se regardèrent.

— C'est juste, dirent Porthos et Aramis, qui espéraient que le choix tomberait sur eux.

Athos ni d'Artagnan ne dirent rien; mais leur silence même était un assentiment.

— Eh bien! dit Mordaunt au milieu du silence profond et solennel qui régnait dans cette mystérieuse maison; eh bien ! je choisis pour mon premier adversaire celui de vous qui, ne se croyant plus digne de se nommer le comte de la Fère, s'est fait appeler Athos.

Athos se leva de sa chaise comme si un ressort l'eût mis sur ses pieds.

Mais, au grand étonnement de ses amis, après un moment d'immobilité et de silence :

— Monsieur Mordaunt, dit-il en secouant la tête, tout duel entre nous est impossible; faites à quelque autre honneur que vous me destinez.

Et il se rassit.

— Ah! dit Mordaunt, en voilà un qui a peur.

— Mille tonnerres! s'écria d'Artagnan en bondissant vers le jeune homme, qui a dit ici qu'Athos avait peur?

— Laissez dire, d'Artagnan, reprit Athos avec un sourire plein de tristesse et de mépris.

— C'est votre décision, Athos? reprit le Gascon.

— Irrévocable.

— C'est bien, n'en parlons plus.

Puis se retournant vers Mordaunt :

— Vous l'avez entendu, monsieur, M. le comte de la Fère ne veut pas vous faire l'honneur de se battre avec vous. Choisissez parmi nous quelqu'un qui le remplace.

— Du moment que je ne bats pas avec lui, dit Mordaunt, peu m'importe avec qui je me batte. Mettez vos noms dans un chapeau, et je tirerai au hasard.

— Voilà une idée, dit d'Artagnan.

— En effet, ce moyen concilie tout, dit Aramis.

— Je n'y eusse point songé, dit Porthos, et cependant c'est bien simple.

— Voyons, Aramis, dit d'Artagnan, écrivez-nous cela de cette jolie petite écriture avec laquelle vous écriviez à Marie Michon pour la prévenir que la mère de monsieur voulait faire assassiner milord Buckingham.

Mordaunt supporta cette nouvelle attaque sans sourciller; il était debout, les bras croisés, et paraissait aussi calme qu'un homme peut l'être en pareille circonstance.

Si ce n'était pas du courage, c'était au moins de l'orgueil, ce qui y ressemble beaucoup.

Aramis s'approcha du bureau de Cromwell, déchira trois morceaux de papier d'égale grandeur, écrivit sur le premier son nom à lui, et sur les deux autres les noms de ses compagnons, les présenta tout ouverts à Mordaunt, qui, sans les lire, fit un signe de tête qui voulait dire qu'il s'en rapportait parfaitement à lui.

Puis, les ayant roulés, il les mit dans un chapeau et les présenta au jeune homme.

Celui-ci plongea la main dans le chapeau, en tira un des trois papiers, qu'il laissa dédaigneusement retomber, sans le lire, sur la table.

— Ah! serpenteau, s'écria d'Artagnan, je donnerais toutes mes chances au grade de capitaine des mousquetaires pour que ce bulletin portât mon nom !

Aramis ouvrit le papier; mais, quelque calme et quelque froideur qu'il affectât, on voyait que sa voix tremblait de haine et de désir.

— D'Artagnan! lut-il à haute voix.

D'Artagnan jeta un cri de joie.

— Ah! dit-il, il y a donc une justice au ciel !

Puis, se retournant vers Mordaunt :

— J'espère, monsieur, dit-il, que vous n'avez aucune objection à faire?

— Aucune, monsieur, dit Mordaunt en tirant à son tour son épée et en appuyant la pointe sur sa botte.

Du moment que d'Artagnan fut sûr que son désir était

exaucé et que son homme ne lui échapperait point, il reprit toute sa tranquillité, tout son calme et même toute la lenteur qu'il avait l'habitude de mettre aux préparatifs de cette grave affaire qu'on appelle un duel.

Il releva promptement ses manchettes, frotta la semelle de son pied droit sur le parquet, ce qui ne l'empêcha pas de remarquer que, pour la seconde fois, Mordaunt lançait autour de lui le singulier regard qu'une fois déjà il avait saisi au passage.

– – Etes-vous prêt, monsieur ? dit-il enfin

BEAUCÉ   POUGET

— Alors, prenez garde à vous, monsieur, dit le Gascon, car je tire assez bien l'épée.

— C'est moi qui vous attends, monsieur, répondit Mordaunt en relevant la tête et en regardant d'Artagnan avec un regard dont il serait impossible de rendre l'expression.

— Alors, prenez garde à vous, monsieur, dit le Gascon, car je tire assez bien l'épée.

— Et moi aussi, dit Mordaunt.

— Tant mieux, cela met ma conscience en repos. En garde !

— Un moment, dit le jeune homme; engagez-moi

parole, messieurs, que vous ne me chargerez que les uns après les autres.

— C'est pour avoir le plaisir de nous insulter que tu nous demandes cela, petit serpent! dit Porthos.

— Non, c'est pour avoir, comme disait monsieur tout à l'heure, la conscience tranquille.

— Ce doit être pour autre chose, murmura d'Artagnan en secouant la tête et en regardant avec une certaine inquiétude autour de lui.

— Foi de gentilhomme! dirent ensemble Aramis et Porthos.

— En ce cas, messieurs, dit Mordaunt, rangez-vous dans quelque coin, comme a fait M. le comte de la Fère, qui, s'il ne veut point se battre, me paraît connaître au moins les règles du combat, et livrez-nous de l'espace; nous allons en avoir besoin.

— Soit, dit Aramis.

— Voilà bien des embarras! dit Porthos

Bientôt le pied de Mordaunt toucha la muraille.

— Rangez-vous, messieurs, dit d'Artagnan; il ne faut pas laisser à monsieur le plus petit prétexte de se mal conduire, ce dont, sauf le respect que je lui dois, il me semble avoir grande envie.

Cette nouvelle raillerie alla s'émousser sur la face impassible de Mordaunt.

Porthos et Aramis se rangèrent dans le coin parallèle à celui où se tenait Athos, de sorte que les deux champions se trouvèrent occuper le milieu de la chambre, c'est-à-dire qu'ils étaient placés en pleine lumière, les deux lampes qui éclairaient la scène étant posées sur le bureau de Cromwell.

Il va sans dire que la lumière s'affaiblissait à mesure qu'on s'éloignait du centre de son rayonnement.

— Allons, dit d'Artagnan, êtes-vous enfin prêt, monsieur?

— Je le suis, dit Mordaunt.

Tous deux firent en même temps un pas en avant, et, grâce à ce seul et même mouvement, les fers furent engagés.

D'Artagnan était une lame trop distinguée pour s'amuser, comme on dit en termes d'académie, à t... ...n adver saire.

Il fit une feinte brillante et rapide; la feinte fut parée par Mordaunt.

— Ah! ah! fit-il avec un sourire de satisfaction.

Et, sans perdre de temps, croyant voir une ouverture, il allongea un coup droit, rapide et flamboyant comme l'éclair.

Mordaunt para un contre de quarte si serré, qu'il ne fût pas sorti de l'anneau d'une jeune fille.

— Je commence à croire que nous allons nous amuser, dit d'Artagnan.

— Oui, murmura l'ami, mais, en vous amusant, jouez serré.

— Sangdieu! mon ami, faites attention, dit Porthos.

Mordaunt sourit à son tour.

— Ah monsieur, dit d'Artagnan, que vous avez un vilain sourire! C'est le diable qui vous a appris à sourire ainsi, n'est-ce pas?

Mordaunt ne répondit qu'en essayant de lier l'épée de d'Artagnan avec une force que le Gascon ne s'attendait pas à trouver dans ce corps débile en apparence; mais, grâce à une parade non moins habile que celle que venait d'exécuter son adversaire, il rencontra à temps le fer de Mordaunt, qui glissa le long du sien sans rencontrer sa poitrine.

Mordaunt fit rapidement un pas en arrière.

— Ah! vous rompez, dit d'Artagnan, vous tournez! Comme il vous plaira; j'y gagne même quelque chose : je ne vois plus votre méchant sourire. Me voilà tout à fait dans l'ombre; tant mieux. Vous n'avez pas idée comme vous avez le regard faux, monsieur, surtout lorsque vous avez peur. Regardez un peu mes yeux, et vous verrez une chose que votre miroir ne vous montrera jamais, c'est-à-dire un regard loyal et franc.

Mordaunt, à ce flux de paroles qui n'était peut-être pas de très-bon goût, mais qui était habituel à d'Artagnan, lequel avait pour principe de préoccuper son adversaire, ne répondit pas un seul mot.

Mais il rompait, et, tournant toujours, il parvint ainsi à changer de place avec d'Artagnan.

Il souriait de plus en plus.

Ce sourire commença d'inquiéter le Gascon.

— Allons, allons, il faut en finir, dit d'Artagnan; le drôle a des jarrets de fer. En avant les grands coups!

Et à son tour il pressa Mordaunt, qui continua de rompre, mais évidemment par tactique, sans faire une faute dont d'Artagnan pût profiter, sans que son épée s'écartât un instant de la ligne.

Cependant, comme le combat avait lieu dans une chambre, et que l'espace manquait aux combattants, bientôt le pied de Mordaunt toucha la muraille, à laquelle il appuya sa main gauche.

— Ah! fit d'Artagnan, pour cette fois, vous ne romprez plus, mon bel ami! Messieurs, continua-t-il en serrant les lèvres et en fronçant le sourcil, avez-vous jamais vu un scorpion cloué à un mur? Non? Eh bien! vous allez le voir.

Et, en une seconde d'Artagnan porta trois coups terribles à Mordaunt.

Tous trois le touchèrent, mais en l'effleurant.

D'Artagnan ne comprenait rien à cette puissance.

Les trois amis regardaient haletants, la sueur au front.

Enfin, d'Artagnan, engagé de trop près, fit à son tour un pas en arrière pour préparer un quatrième coup, ou plutôt pour l'exécuter.

Car, pour d'Artagnan, les armes, comme les échecs, étaient une vaste combinaison dont tous les détails s'enchaînaient les uns aux autres.

Mais au moment où, plus acharné que jamais, il revenait sur son adversaire, au moment où, après une feinte rapide et serrée, il attaquait prompt comme l'éclair, la muraille sembla se fendre.

Mordaunt disparut par l'ouverture béante, et l'épée de d'Artagnan, prise entre les deux panneaux, se brisa comme si elle eût été de verre.

D'Artagnan fit un pas en arrière.

La muraille se referma.

Mordaunt avait manœuvré, tout en se défendant, de manière à venir s'adosser à la porte secrète par laquelle nous avons vu sortir Cromwell.

Arrivé là, il avait, de la main gauche, cherché et poussé le bouton.

Puis il avait disparu comme disparaissent, au théâtre, ces mauvais génies qui ont le don de passer à travers les murailles.

Le Gascon poussa une imprécation furieuse à laquelle, de l'autre côté du panneau de fer, répondit un rire sauvage, rire funèbre qui fit passer un frisson jusque dans les veines du sceptique Aramis.

— A moi! messieurs, cria d'Artagnan, enfonçons cette porte!

— C'est le démon en personne! dit Aramis en accourant à l'appel de son ami.

— Il nous échappe, sangdieu! il nous échappe! hurla Porthos en appuyant sa large épaule contre la cloison, qui, retenue par quelque ressort secret, ne bougea point.

— Tant mieux! murmura sourdement Athos.

— Je m'en doutais, mordioux! dit d'Artagnan en s'épuisant en efforts inutiles; quand le misérable a tourné autour de la chambre; je prévoyais quelque infâme manœuvre, je devinais qu'il tramait quelque chose; mais qui pouvait se douter de cela?

— C'est un affreux malheur que nous envoie le diable, son ami! s'écria Aramis.

— C'est un bonheur manifeste que nous envoie Dieu! dit Athos avec une joie évidente.

— En vérité, répondit d'Artagnan en haussant les épaules et en abandonnant la porte qui, décidément, ne voulait pas s'ouvrir, vous baissez, Athos! Comment pouvez-vous dire des choses pareilles à des gens comme nous, mordioux! Vous ne comprenez donc pas la position?

— Quoi donc? quelle situation? demanda Porthos.

— A ce jeu-là, quiconque ne tue pas est tué, reprit d'Artagnan. Voyons maintenant, mon cher, entre-t-il dans les jérémiades expiatoires que M. Mordaunt nous sacrifie à sa piété filiale? Si c'est votre avis, dites-le franchement.

— Oh! d'Artagnan, mon ami!

— C'est qu'en vérité c'est pitié que de voir les choses à ce point de vue! Le misérable va nous envoyer cent côtes de fer qui nous pileront comme grain dans ce mortier de M. Cromwell. Allons! allons! en route! si nous demeurons cinq minutes seulement ici, c'est fait de nous.

— Oui, vous avez raison, en route! reprirent Athos et Aramis.

— Et où allons-nous? demanda Porthos.

— A l'hôtel, cher ami, prendre nos hardes et nos chevaux; puis, de là, s'il plaît à Dieu, en France, où, du moins, je connais l'architecture des maisons. Notre bateau nous attend; ma foi, c'est encore heureux.

Et d'Artagnan, joignant l'exemple au précepte, remit au fourreau son tronçon d'épée, ramassa son chapeau, ouvrit la porte de l'escalier et descendit rapidement, suivi de ses trois compagnons.

A la porte, les fugitifs retrouvèrent leurs laquais et leur demandèrent des nouvelles de Mordaunt; mais ils n'avaient vu sortir personne

CHAPITRE II.

LA FELOUQUE L'ÉCLAIR.

D'Artagnan avait deviné juste.

Mordaunt n'avait pas de temps à perdre et n'en avait pas perdu.

Il connaissait la rapidité de décision et d'action de ses ennemis.

Il résolut donc d'agir en conséquence.

Cette fois, les mousquetaires avaient trouvé un adversaire digne d'eux.

Après avoir refermé avec soin la porte derrière lui, Mordaunt se glissa dans le souterrain; tout en remettant au fourreau son épée inutile et gagnant la maison voisine, il s'arrêta pour se tâter et reprendre haleine.

— Bon! dit-il, rien, presque rien; des égratignures, voilà tout; deux aux bras, l'autre à la poitrine. Les blessures que je fais sont meilleures, moi! Qu'on demande au bourreau de Béthune, à mon oncle de Winter et au roi Charles! Maintenant, pas une seconde à perdre, car une seconde de perdue les sauve peut-être, et il faut qu'ils meurent tous quatre ensemble, d'un seul coup, dévorés par la foudre des hommes à défaut de celle de Dieu. Il faut qu'ils disparais-

sent brisés, anéantis, dispersés. Courons donc jusqu'à ce que nos jambes ne puissent plus nous porter, jusqu'à ce que mon cœur se gonfle dans ma poitrine; mais arrivons avant eux.

Et Mordaunt se mit à marcher d'un pas rapide mais égal

— Voilà le port, murmura-t-il; ce point sombre là-bas, c'est l'île des Chiens.

vers la première caserne de cavalerie, distante d'un quart de lieue à peu près.

Il fit ce quart de lieue en quatre ou cinq minutes.

Arrivé à la caserne, il se fit reconnaître, prit le meilleur cheval de l'écurie, sauta dessus et gagna la route.

Un quart d'heure après, il était à Greenwich.

— Voilà le port, murmura-t-il; ce point sombre là bas, c'est l'île des Chiens. Bon! j'ai une demi-heure d'avance sur eux... une heure peut-être. Niais que j'étais! j'ai failli m'asphyxier par ma précipitation insensée. Maintenant, ajouta-t-il en se dressant sur ses étriers comme pour voir de plus loin parmi tous ces mâts : l'*Éclair?* ou est l'*Éclair?*

Au moment où il prononçait mentalement ces paroles, comme pour répondre à sa pensée, un homme couché sur un rouleau de câbles se leva et fit quelques pas vers Mordaunt.

Celui-ci tira son mouchoir de sa poche et le fit flotter un instant en l'air.

Le marin était enveloppé d'un large caban de laine.

L'homme parut attentif, mais demeura à la même place sans faire un pas en avant ni en arrière.

Mordaunt fit un nœud à chacun des coins de son mouchoir.

L'homme s'avança jusqu'à lui.

C'était, on se le rappelle, le signal convenu.

Le marin était enveloppé d'un large caban de laine qui cachait sa taille et lui voilait le visage.

— Monsieur, dit le marin, ne vient-il point par hasard de Londres pour faire une promenade en mer?

— Tout exprès, répondit Mordaunt, du côté de l'île des Chiens.

— C'est cela. Et sans doute monsieur a une préférence quelconque? Il aimerait mieux un bâtiment qu'un autre? Il voudrait un bâtiment bon marcheur, un bâtiment rapide?..

— Comme l'éclair, répondit Mordaunt

— Bien, alors c'est mon bâtiment que monsieur cherche. Je suis le patron qu'il lui faut.

— Je commence à le croire, dit Mordaunt, surtout si vous n'avez pas oublié certain signe de reconnaissance.

— Le voilà, monsieur, dit le marin en tirant de la poche de son caban un mouchoir noué aux quatre coins.

— Bon! bon! s'écria Mordaunt en sautant à bas de son cheval. Maintenant, il n'y a pas de temps à perdre. Faites conduire mon cheval à la première auberge, et menez-moi à votre bâtiment.

— Mais vos compagnons? dit le marin. Je croyais que vous étiez quatre, sans compter les laquais?

— Écoutez, dit Mordaunt en se rapprochant du marin, je ne suis pas celui que vous attendez, comme vous n'êtes pas celui qu'ils espèrent trouver. Vous avez pris la place du capitaine Roggers, n'est-ce pas? vous êtes ici par l'ordre du général Cromwell, et moi je viens de sa part.

— En effet, dit le patron, je vous reconnais. Vous êtes le capitaine Mordaunt.

Mordaunt tressaillit.

— Oh! ne craignez rien, dit le patron en abaissant son caban et en découvrant sa tête, je suis un ami.

— Le capitaine Groslow! s'écria Mordaunt.

— Lui-même! Le général s'est souvenu que j'avais été autrefois officier de marine, et il m'a chargé de cette expédition. Y a-t-il donc quelque chose de changé?

— Non, rien. Tout demeure dans le même état, au contraire.

— C'est qu'un instant j'avais pensé que la mort du roi...

— La mort du roi n'a fait que hâter leur fuite; dans un quart d'heure, dans dix minutes, ils seront ici peut-être.

— Alors, que venez-vous faire?

— M'embarquer avec vous.

— Ah! ah! le général douterait-il de mon zèle?

— Non; mais je veux assister moi-même à ma vengeance. N'avez-vous point quelqu'un qui puisse me débarrasser de mon cheval?

Groslow siffla, un marin parut.

— Patrick, dit Groslow, conduisez le cheval à l'écurie de l'auberge la plus proche. Si l'on vous demande à qui il appartient, vous direz que c'est à un seigneur irlandais.

Le marin s'éloigna sans faire une observation.

— Maintenant, dit Mordaunt, ne craignez-vous point qu'ils vous reconnaissent?

— Il n'y a pas de danger sous ce costume, enveloppé de ce caban, par cette nuit sombre; d'ailleurs, vous ne m'avez pas reconnu, vous; eux, à plus forte raison, ne me reconnaîtront point.

— C'est vrai, dit Mordaunt; d'ailleurs, ils seront loin de songer à vous. Tout est prêt, n'est-ce pas?

— Oui.

— La cargaison est chargée?

— Oui.

— Cinq tonneaux pleins?

— Et cinquante vides.

— C'est cela.

— Nous conduisons du Porto à Anvers.

— A merveille. Maintenant, menez-moi à bord et revenez prendre votre poste, car ils ne tarderont pas à arriver.

— Je suis prêt.

— Il est important qu'aucun de vos gens ne me voie entrer.

— Je n'ai qu'un homme à bord et je suis sûr de lui comme de moi-même. D'ailleurs, cet homme ne vous connaît pas, et, comme ses compagnons, il est prêt à obéir à nos ordres, mais il ignore tout.

— C'est bien. Allons.

Ils descendirent alors vers la Tamise.

Une petite barque était amarrée au rivage par une chaîne de fer fixée à un pieu.

Groslow tira la barque à lui, l'assura tandis que Mordaunt descendait dedans, puis il y sauta à son tour, et presque aussitôt, saisissant les avirons, il se mit à ramer de manière à prouver à Mordaunt la vérité de ce qu'il avait avancé, c'est-à-dire qu'il n'avait pas oublié son métier de marin.

Au bout de cinq minutes, on fut dégagé de ce monde de bâtiments qui, à cette époque déjà, encombraient les approches de Londres, et Mordaunt put voir, comme un point sombre, la petite felouque se balançant à l'ancre, à quatre ou cinq encâblures de l'île des Chiens.

En approchant de l'*Éclair*, Groslow siffla d'une certaine façon, et l'on vit la tête d'un homme apparaître au-dessus de la muraille.

— Est-ce vous, capitaine? dit cet homme.

— Oui, jette l'échelle.

Et Groslow, passant léger et rapide comme une hirondelle sous le beaupré, vint se ranger bord à bord avec lui.

— Montez, dit Groslow à son compagnon.

Mordaunt, sans répondre, saisit la corde et grimpa le long des flancs du navire avec une agilité et un aplomb peu ordinaires aux gens de terre.

Mais son désir de vengeance lui tenait lieu d'habitude et le rendait apte à tout.

Comme l'avait prévu Groslow, le matelot de garde à bord de l'*Éclair* ne parut pas même remarquer que son patron revenait accompagné.

Mordaunt et Groslow s'avancèrent vers la chambre du capitaine.

C'était une espèce de cabine provisoire bâtie en planches sur le pont.

L'appartement d'honneur avait été cédé par le capitaine Roggers à ses passagers.

— Et eux, demanda Mordaunt, où sont-ils?

— A l'autre extrémité du bâtiment, répondit Groslow.

— Et ils n'ont rien à faire de ce côté?

— Rien absolument.

— A merveille! Je me tiens caché chez vous. Retournez à Greenwich et ramenez-les. Vous avez une chaloupe?

— Celle dans laquelle nous sommes venus.

— Elle m'a paru légère et bien taillée.

— Une véritable pirogue.

— Amarrez-la à la poupe avec une liasse de chanvre, mettez-y les avirons afin qu'elle suive dans le sillage et qu'il n'y ait que la corde à couper. Munissez-la de rhum et de biscuits. Si par hasard la mer était mauvaise, vos hommes ne seraient pas fâchés de trouver sous leur main de quoi se réconforter.

— Il sera fait comme vous dites. Voulez-vous visiter la sainte-barbe?

— Non, à votre retour. Je veux placer la mèche moi-même, pour être sûr qu'elle ne fera pas long feu. Surtout, cachez bien votre visage; qu'ils ne vous reconnaissent pas.

— Soyez donc tranquille.

— Allez, voilà dix heures qui sonnent à Greenwich.

En effet, les vibrations d'une cloche dix fois répétées traversèrent tristement l'air chargé de gros nuages qui roulaient au ciel, pareils à des vagues silencieuses.

Groslow repoussa la porte, que Mordaunt ferma en dedans, et, après avoir donné au matelot de garde l'ordre de veiller avec la plus grande attention, il descendit dans sa barque, qui s'éloigna rapidement, écumant le flot de son double aviron.

Le vent était froid et la jetée déserte lorsque Groslow aborda à Greenwich.

Plusieurs barques venaient de partir à la marée pleine.

Au moment même où Groslow prit terre, il entendit comme un galop de chevaux sur le chemin pavé de galets.

— Oh! oh! dit-il, Mordaunt avait raison de me presser. Il n'y avait pas de temps à perdre; les voici.

En effet, c'étaient nos amis ou plutôt leur avant-garde, composée de d'Artagnan et d'Athos.

Arrivés en face de l'endroit où se tenait Groslow, ils s'arrêtèrent, comme s'ils eussent deviné que celui à qui ils avaient affaire était là.

Athos mit pied à terre et déroula tranquillement un mouchoir dont les quatre coins étaient noués, et qu'il fit flotter au vent, tandis que d'Artagnan, toujours prudent, restait à demi penché sur son cheval, une main enfoncée dans les fontes.

Groslow, qui, dans le doute où il était que les cavaliers fussent bien ceux qu'il attendait, s'était accroupi derrière un de ces canons plantés dans le sol et qui servent à enrouler des câbles, se leva alors en voyant le signal convenu, et marcha droit aux gentilshommes.

Il était tellement encapuchonné dans son caban, qu'il était impossible de voir sa figure.

D'ailleurs, la nuit était si sombre, que cette précaution était superflue.

Cependant, l'œil perçant d'Athos devina, malgré l'obscurité, que ce n'était pas Roggers qui était devant lui.

— Que me voulez-vous? dit-il à Groslow en faisant un pas en arrière.

— Je veux vous dire, milord, répondit Groslow en affectant l'accent irlandais, que vous cherchez le patron Roggers, mais que vous le cherchez vainement.

— Comment cela? demanda Athos.

— Parce que ce matin il est tombé d'un mât de hune et qu'il s'est cassé la jambe. Mais je suis son cousin; il m'a conté toute l'affaire et m'a chargé de reconnaître pour lui et de conduire à sa place, partout où ils le désireraient, les gentilshommes qui m'apporteraient un mouchoir noué aux quatre coins, comme celui que vous tenez à la main et comme celui que j'ai dans ma poche.

Et, à ces mots, Groslow tira de sa poche le mouchoir qu'il avait déjà montré à Mordaunt.

— Est-ce tout? demanda Athos.

— Non pas, milord; car il y a encore soixante-quinze livres promises si je vous débarque sains et saufs à Boulogne ou sur tout autre point de la France que vous m'indiquerez.

— Que dites-vous de cela, d'Artagnan? demanda Athos en français.

— Que dit-il d'abord? répondit celui-ci.

— Ah! c'est vrai, dit Athos; j'oubliais que vous n'entendez pas l'anglais.

Et il redit à d'Artagnan la conversation qu'il venait d'avoir avec le patron.

— Cela me paraît assez vraisemblable, dit le Gascon.

— Et à moi aussi, répondit Athos.

— D'ailleurs, reprit d'Artagnan, si cet homme nous trompe, nous pourrons toujours lui brûler la cervelle.

— Et qui nous conduira?

— Vous, Athos: vous savez tant de choses, que je ne doute pas que vous ne sachiez conduire un bâtiment.

— Ma foi, dit Athos avec un sourire, en plaisantant, ami, vous avez presque rencontré juste: j'étais destiné par mon père à servir dans la marine, et j'ai quelques vagues notions du pilotage.

— Voyez-vous! s'écria d'Artagnan.

— Allez donc chercher nos amis, d'Artagnan, et revenez; il est onze heures, nous n'avons pas de temps à perdre.

D'Artagnan s'avança vers deux cavaliers qui, le pistolet au poing, se tenaient en vedette aux premières maisons de la ville, attendant et surveillant sur le revers de la route et rangés contre une esp ce de hangar.

Trois autres cavaliers faisaient le guet et semblaient attendre aussi.

Les deux vedettes du milieu de la route étaient Porthos et Aramis.

Les trois cavaliers du hangar étaient Mousqueton, Blaisois et Grimaud.

Les deux vedettes du milieu de la route étaient Porthos et Aramis.

Seulement, ce dernier, en y regardant de plus près, était double, car il avait en croupe Parry, qui devait ramener à Londres les chevaux des gentilshommes et de leurs gens, vendus à l'hôte pour payer la dépense qu'ils avaient faite chez lui.

Grâce à ce coup de commerce, les quatre amis avaient pu emporter avec eux une somme, sinon considérable, du moins suffisante pour faire face aux retards et aux éventualités.

D'Artagnan transmit à Porthos et à Aramis l'invitation de le suivre, et ceux-ci firent signe à leurs gens de mettre pied à terre et de détacher leurs portemanteaux

Parry se sépara, non sans regret, de ses amis, on lui avait proposé de venir en France, mais il avait opiniâtrement refusé.

— C'est tout simple, avait dit Mousqueton, il a son idée à l'endroit de Groslow

On se rappelle que c'était le capitaine Groslow qui lui avait cassé la tête

La petite troupe rejoignit Athos.

Mais déjà d'Artagnan avait repris sa méfiance naturelle,

D'Artagnan passa le dernier, tout en continuant de secouer la tête. — PAGE 14.

il trouvait le quai trop désert, la nuit trop noire, le patron trop facile.

Il avait raconté à Aramis l'incident que nous avons dit, et Aramis, non moins défiant que lui, n'avait pas peu contribué à augmenter ses soupçons.

Un petit clappement de la langue contre ses dents traduisit à Athos les inquiétudes du Gascon.

— Nous n'avons pas le temps d'être défiants, dit Athos, la barque nous attend, entrons.

— D'ailleurs, dit Aramis, qui nous empêche d'être déliants et d'entrer tout de même? On surveillera le patron.

— Et, s'il ne marche pas droit, ajouta Porthos, je l'assommerai. Voilà tout.

— Bien parlé, Porthos, reprit d'Artagnan. Entrons donc. Passe, Mousqueton.

Et d'Artagnan arrêta ses amis, faisant passer les valets les premiers, afin qu'ils essayassent la planche qui conduisait de la jetée à la barque.

Les trois valets passèrent sans accident.

Athos les suivit, puis Porthos, puis Aramis.

D'Artagnan passa le dernier, tout en continuant de secouer la tête.

— Que diable avez-vous donc, mon ami? dit Porthos; sur ma parole, vous feriez peur à César.

— J'ai, reprit d'Artagnan, que je ne vois sur ce port ni inspecteur, ni sentinelle, ni gabelou.

— Plaignez-vous donc! dit Porthos, tout va comme sur une pente fleurie.

— Tout va trop bien, Porthos. Enfin, n'importe, à la grâce de Dieu!

Aussitôt que la planche fut retirée, le patron s'assit au gouvernail et fit un signe à l'un de ses matelots, qui, armé d'une gaffe, commença à manœuvrer pour sortir du dédale de bâtiments au milieu duquel la petite barque était engagée.

L'autre matelot se tenait déjà à bâbord, son aviron à la main.

Lorsqu'on put se servir des rames, son compagnon vint le rejoindre, et la barque commença de filer plus rapidement.

— Enfin, nous partons! dit Porthos.

— Hélas! répondit le comte de la Fère, nous partons seuls!

— Oui, mais nous partons tous quatre ensemble, et sans une égratignure; c'est une consolation.

— Nous ne sommes pas encore arrivés, dit d'Artagnan; gare les rencontres!

— Eh! mon cher, dit Porthos, vous êtes comme les corbeaux, vous, vous chantez toujours malheur! Qui peut nous rencontrer par cette nuit sombre, où l'on ne voit pas à vingt pas de distance?

— Oui, mais demain matin, dit d'Artagnan.

— Demain matin, nous serons à Boulogne.

— Je le souhaite de tout mon cœur, dit le Gascon, et j'avoue ma faiblesse. Tenez, Athos, vous allez rire, mais, tant que nous avons été à portée de fusil de la jetée ou des bâtiments qui la bordaient, je me suis attendu à quelque effroyable mousquetade qui nous écraserait tous.

— Mais, dit Porthos avec son gros bon sens, c'était chose impossible, car on eût tué en même temps le patron et les matelots.

— Bah! voilà une belle affaire pour M. Mordaunt! croyez-vous qu'il y regarde de si près?

— Enfin, dit Porthos, je suis bien aise que d'Artagnan avoue qu'il a eu peur.

— Non-seulement je l'avoue, mais je m'en vante. Je ne suis pas un rhinocéros comme vous. Ohé! qu'est-ce que cela?

— L'*Éclair*, dit le patron.

— Nous sommes donc arrivés? demanda Athos en anglais.

— Nous arrivons, dit le capitaine.

En effet, après trois coups de rames, on se trouvait côte à côte avec le petit bâtiment.

Le matelot attendait, l'échelle était préparée; il avait reconnu la barque.

Athos monta le premier avec une habileté toute marine.

Aramis, avec l'habitude qu'il avait depuis longtemps des échelles de cordes et des autres moyens plus ou moins ingénieux qui existent pour traverser les espaces défendus.

D'Artagnan, comme un chasseur d'isard et de chamois.

Porthos, avec ce développement de force qui, chez lui, suppléait à tout.

Chez les valets, l'opération fut plus difficile, non pas pour Grimaud, espèce de chat de gouttière, maigre et effilé, qui trouvait toujours moyen de se hisser partout; mais pour Mousqueton et pour Blaisois, que les matelots furent obligés de soulever dans leurs bras à portée de la main de Porthos, qui les empoigna par le collet de leurs justaucorps et les déposa tout debout sur le pont du bâtiment.

Le capitaine conduisit ses passagers à l'appartement qui leur était préparé, et qui se composait d'une seule pièce qu'ils devaient habiter en communauté.

Puis il essaya de s'éloigner sous le prétexte de donner quelques ordres.

— Un instant, dit d'Artagnan; combien avez-vous d'hommes à bord, patron?

— Je ne comprends pas, répondit celui-ci en anglais.

— Demandez-lui cela dans sa langue, Athos.

Athos fit la question que désirait d'Artagnan.

— Trois, répondit Groslow, sans me compter, bien entendu.

D'Artagnan comprit, car, en répondant, le patron avait levé trois doigts.

— Oh! dit d'Artagnan, trois, je commence à me rassurer. N'importe, pendant que vous vous installerez, moi je vais faire un tour dans le bâtiment.

— Et moi, dit Porthos, je vais m'occuper du souper.

— Ce projet est beau et généreux, Porthos, mettez-le à exécution. Vous, Athos, prêtez-moi Grimaud, qui, dans la compagnie de son ami Parry, a appris à baragouiner un peu d'anglais : il me servira d'interprète.

— Allez, Grimaud, dit Athos.

Une lanterne était sur le pont, d'Artagnan la souleva

d'une main, prit un pistolet de l'autre, et dit au patron :

— *Come.*

C'était, avec *goddam*, tout ce qu'il avait pu retenir de la langue anglaise.

D'Artagnan gagna l'écoutille et descendit dans l'entrepont.

L'entre-pont était divisé en trois compartiments : celui dans lequel d'Artagnan descendait, et qui pouvait s'étendre du troisième mâtereau à l'extrémité de la poupe, et qui, par conséquent était recouvert par le plancher de la chambre dans laquelle Athos, Porthos et Aramis se préparaient à passer la nuit.

Le second, qui occupait le milieu du bâtiment, et qui était destiné au logement des domestiques.

Le troisième, qui s'allongeait sous la proue, c'est-à-dire sous la cabine improvisée par le capitaine, et dans laquelle Mordaunt se trouvait caché.

— Oh! oh! dit d'Artagnan, descendant l'escalier de l'écoutille et se faisant précéder de sa lanterne, qu'il tenait étendue de toute la longueur du bras, que de tonneaux! on dirait la caverne d'Ali-Baba.

Les *Mille et une Nuits* venaient d'être traduites pour la première fois, et étaient fort à la mode à cette époque.

— Que dites-vous? demanda en anglais le capitaine.

D'Artagnan comprit à l'intonation de la voix.

— Je désire savoir ce qu'il y a dans ces tonneaux, dit-il en posant sa lanterne sur l'une des futailles.

Le patron fit un mouvement pour remonter à l'échelle, mais il se contint.

— Porto, répondit-il.

— Ah! du vin de Porto! dit d'Artagnan, c'est toujours une tranquillité, nous ne mourrons pas de soif.

Puis, se retournant vers Groslow, qui essuyait sur son front de grosses gouttes de sueur :

— Et elles sont pleines? demanda-t-il.

Grimaud traduisit la question.

— Les unes pleines, les autres vides, dit Groslow d'une voix dans laquelle, malgré ses efforts, se trahissait son inquiétude.

D'Artagnan frappa du doigt sur les tonneaux, reconnut cinq tonneaux pleins et les autres vides.

Puis il introduisit, toujours à la grande terreur de l'Anglais, sa lanterne dans les intervalles des barriques, et, reconnaissant que ces intervalles étaient inoccupés :

— Allons, passons, dit-il.

Et il s'avança vers la porte qui donnait dans le second compartiment.

— Attendez, dit l'Anglais, qui était resté derrière, toujours en proie à cette émotion que nous avons indiquée. Attendez, c'est moi qui ai la clef de cette porte.

Et, passant rapidement devant d'Artagnan et Grimaud, il introduisit d'une main tremblante la clef dans la serrure, et l'on se trouva dans le second compartiment, où Mousqueton et Blaisois s'apprêtaient à souper.

Dans celui-la ne se trouvait évidemment rien à chercher ni à reprendre.

On en voyait tous les coins et recoins à la lueur de la lampe qui éclairait ces dignes compagnons.

On passa donc rapidement, et l'on visita le troisième compartiment.

Celui-là était la chambre des matelots.

Trois ou quatre hamacs pendus au plafond, une table soutenue par une double corde passée à chacune de ses extrémités, deux bancs vermoulus et boiteux en formaient tout l'ameublement.

D'Artagnan alla soulever deux ou trois vieilles voiles pendantes contre les parois, et, ne voyant encore rien de suspect, regagna par l'écoutille le pont du bâtiment.

— Et cette chambre? demanda d'Artagnan.

Grimaud traduisit à l'Anglais les paroles du mousquetaire.

— Cette chambre est la mienne, dit le patron; y voulez-vous entrer?

— Ouvrez la porte, dit d'Artagnan.

L'Anglais obéit.

D'Artagnan allongea son bras armé de la lanterne, passa la tête par la porte entre-bâillée, et, voyant que cette chambre était un véritable réduit :

— Bon, dit-il, s'il y a une armée à bord, ce n'est point ici qu'elle sera cachée. Allons voir si Porthos a trouvé de quoi souper.

Et, remerciant le patron d'un signe de tête, il regagna la chambre d'honneur où étaient ses amis.

Porthos n'avait rien trouvé, à ce qu'il parait, ou, s'il avait trouvé quelque chose, la fatigue l'avait emporté sur la faim, et, couché dans son manteau, il dormait profondément lorsque d'Artagnan rentra.

Athos et Aramis, bercés par les mouvements moelleux des premières vagues de la mer, commençaient, de leur côté, à fermer les yeux; ils les rouvrirent au bruit que fit leur compagnon.

— Eh bien? fit Aramis.

— Tout va bien, dit d'Artagnan, et nous pouvons dormir tranquilles.

Sur cette assurance, Aramis laissa retomber sa tête, Athos fit de la sienne un signe affectueux, et d'Artagnan, qui, comme Porthos, avait encore plus besoin de dormir que de manger, congédia Grimaud et se coucha dans son manteau l'épée nue, de telle façon que son corps barrait le passage et qu'il était impossible d'entrer dans la chambre sans le heurter.

CHAPITRE III.

LE VIN DE PORTO.

* Au bout de dix minutes, les maîtres dormaient ; mais il n'en était pas ainsi des valets, affamés et surtout altérés.

Blaisois et Mousqueton s'apprêtaient à préparer leur lit, qui consistait en une planche et une valise, tandis que, sur une table suspendue comme celle de la chambre voisine, se balançaient au roulis de la mer un pain, un pot de bière et trois verres.

— Maudit roulis! disait Blaisois, je sens que cela va me reprendre comme en venant.

— Et n'avoir, pour combattre le mal de mer, répondait

— Ah! du vin de Porto! dit d'Artagnan, c'est toujours une tranquillité, nous ne mourrons pas de soif. — Page 17.

Mousqueton, que du pain d'orge et du vin de houblon! pouah!

— Mais votre bouteille d'osier, monsieur Mouston, demanda Blaisois, qui venait d'achever la préparation de sa couche et qui s'approchait en trébuchant de la table devant

laquelle Mousqueton était déjà assis et où il parvint à s'asseoir; mais votre bouteille d'osier, l'avez-vous perdue?

— Non pas, dit Mousqueton, mais Parry l'a gardée. Ces diables d'Écossais ont toujours soif. Et vous, Grimaud, demanda Mousqueton à son compagnon, qui venait de rentrer après avoir accompagné d'Artagnan dans sa tournée, avez-vous soif?

— Comme un Écossais, répondit laconiquement Grimaud.

Et il s'assit près de Blaisois et de Mousqueton, tira un carnet de sa poche, et se mit à faire les comptes de sa société, dont il était l'économe.

— Oh! la, la! dit Blaisois, voilà mon cœur qui s'embrouille!

— Blaisois, reprit Mousqueton, souvenez-vous que le pain est la vraie nourriture du Français.

— S'il en est ainsi, dit Mousqueton d'un ton doctoral, prenez un peu de nourriture.

— Vous appelez cela de la nourriture? dit Blaisois en accompagnant d'une mine piteuse le doigt dédaigneux dont il montrait le pain d'orge et le pot de bière.

— Blaisois, reprit Mousqueton, souvenez-vous que le pain est la vraie nourriture du Français; encore le Français n'en a-t il pas toujours; demandez à Grimaud.

— Oui, mais la bière, reprit Blaisois avec une promptitude qui faisait honneur à la vivacité de son esprit de repartie; mais la bière, est-ce là sa vraie boisson?

— Pour ceci, dit Mousqueton, pris dans le dilemme et

assez embarrassé d'y répondre, je dois avouer que non, et que la bière lui est aussi antipathique que le vin l'est aux Anglais.

— Comment, monsieur Mouston, dit Blaisois, qui, cette fois, doutait des profondes connaissances de Mousqueton, pour lesquelles, dans les circonstances ordinaires de la vie, il avait cependant l'admiration la plus entière; comment, monsieur Mouston, les Anglais n'aiment pas le vin?

— Ils le détestent.

— Mais je leur en ai vu boire, cependant.

— Par pénitence; et la preuve, continua Mousqueton en se rengorgeant, c'est qu'un prince anglais est mort un jour parce qu'on l'avait mis dans un tonneau de Malvoisie. J'ai entendu raconter le fait à M. l'abbé d'Herblay.

— L'imbécile! dit Blaisois, je voudrais bien être à sa place!

— Tu le peux, dit Grimaud tout en alignant ses chiffres.

— Comment cela, dit Blaisois, je le peux?

— Oui, continua Grimaud tout en retenant quatre et en reportant ce nombre à la colonne suivante.

— Je le peux, expliquez-vous, monsieur Grimaud.

Mousqueton gardait le silence pendant les interrogations de Blaisois, mais il était facile de voir, à l'expression de son visage, que ce n'était point par indifférence.

Grimaud continua son calcul et posa son total.

— Porto! dit-il alors en étendant la main dans la direction du premier compartiment visité par d'Artagnan et lui en compagnie du patron.

— Comment! ces tonneaux que j'ai aperçus à travers la porte entr'ouverte...

— Porto! répéta Grimaud, qui recommença une nouvelle opération arithmétique.

— J'ai entendu dire, reprit Blaisois en s'adressant à Mousqueton, que le porto est d'excellent vin d'Espagne.

— Excellent, dit Mousqueton en passant le bout de sa langue sur ses lèvres, excellent. Il y en a dans la cave de M. le baron de Bracieux.

— Si nous priions ces Anglais de nous en vendre une bouteille? demanda l'honnête Blaisois.

— Vendre! dit Mousqueton, amené à ses anciens instincts de marauderie. On voit bien, jeune homme, que vous n'avez pas encore l'expérience des choses de la vie. Pourquoi donc acheter quand on peut prendre?

— Prendre! dit Blaisois, convoiter le bien du prochain! la chose est défendue, ce me semble.

— Où cela? demanda Mousqueton.

— Dans les commandements de Dieu ou de l'Eglise, je ne sais plus lesquels. Mais ce que je sais, c'est qu'il y a:

Bien d'autrui ne convoiteras
Ni son épouse mêmement.

— Voilà encore une raison d'enfant, monsieur Blaisois, dit de son ton le plus protecteur Mousqueton, oui, d'enfant, je répète le mot. Où avez-vous vu dans les Ecritures, je vous le demande, que les Anglais fussent votre prochain?

— Ce n'est nulle part, la chose est vraie, dit Blaisois, du moins je ne me le rappelle pas.

— Raison d'enfant, je le répète, reprit Mousqueton. Si vous aviez fait dix ans la guerre comme Grimaud et moi, mon cher Blaisois, vous sauriez faire la différence qu'il y a entre le bien d'autrui et le bien de l'ennemi. Or, un Anglais est un ennemi, je pense, et ce vin de Porto appartient aux Anglais. Donc, il nous appartient, puisque nous sommes des Français. Ne connaissez-vous pas le proverbe: Autant de pris sur l'ennemi?

Cette faconde, appuyée de toute l'autorité que puisait Mousqueton dans sa longue expérience, stupéfia Blaisois.

Il baissa la tête comme pour se recueillir, et tout à coup, relevant le front en homme armé d'un argument irrésistible:

— Et les maîtres, dit-il, seront-ils de votre avis, monsieur Mouston?

Mousqueton sourit avec dédain.

— Il faudrait peut-être, dit-il, que j'allasse troubler le sommeil de ces illustres seigneurs pour leur dire: « Messieurs, votre serviteur Mousqueton a soif, voulez-vous lui permettre de boire? » Qu'importe, je vous le demande, à M. de Bracieux que j'aie soif ou non?

— C'est du vin bien cher, dit Blaisois en secouant la tête.

— Fût-ce de l'or potable, monsieur Blaisois, dit Mousqueton, nos maîtres ne s'en priveraient pas. Apprenez que M. le baron de Bracieux est à lui seul assez riche pour boire une tonne de porto, fût-il obligé de la payer une pistole la goutte. Or, je ne vois pas, continua Mousqueton de plus en plus magnifique dans son orgueil, puisque les maîtres ne s'en priveraient pas, pourquoi les valets s'en priveraient.

Et Mousqueton se levant, prit le pot de bière, qu'il vida par un sabord jusqu'à la dernière goutte, et s'avança majestueusement vers la porte qui donnait dans le compartiment.

— Ah! ah! fermée, dit-il. Ces diables d'Anglais, comme ils sont défiants!

— Fermée! dit Blaisois d'un ton non moins désappointé que celui de Mousqueton. Ah! peste! c'est malheureux; avec cela que je sens mon cœur qui se barbouille de plus en plus.

Mousqueton se retourna vers Blaisois avec un visage si piteux, qu'il était évident qu'il partageait à un haut degré le désappointement du brave garçon.

— Fermée! répéta-t-il.

— Mais, hasarda Blaisois, je vous ai entendu raconter, monsieur Mouston, qu'une fois, dans votre jeunesse, à Chantilly, je crois, vous avez nourri votre maître et vous-même en prenant des perdrix au collet, des carpes à la ligne et des bouteilles au lazo.

— Sans doute, répondit Mousqueton, c'est l'exacte vérité, et voilà Grimaud qui peut vous le dire. Mais il y avait un soupirail à la cave, et le vin était en bouteilles. Je ne puis pas jeter le lazo à travers cette cloison, ni tirer avec une ficelle une pièce de vin qui pèse peut-être deux quintaux.

— Non, mais vous pouvez lever deux ou trois planches

de la cloison, dit Blaisois, et faire à l'un des tonneaux un trou avec une vrille.

Mousqueton écarquilla démesurément ses yeux ronds, et, regardant Blaisois en homme émerveillé de rencontrer dans un autre homme des qualités qu'il ne lui soupçonnait pas :

— C'est vrai, dit-il, cela se peut; mais un ciseau pour faire sauter les planches, une vrille pour percer le tonneau?

— La trousse, dit Grimaud tout en établissant la balance de ses comptes.

— Ah! oui, la trousse, dit Mousqueton; et moi qui n'y pensais pas!

Grimaud, en effet, était non-seulement l'économe de la troupe, mais encore son armurier : outre un registre, il avait une trousse.

Or, comme Grimaud était homme de suprême précaution, cette trousse, soigneusement roulée dans sa valise, était garnie de tous les instruments de première nécessité.

Elle contenait donc une vrille d'une raisonnable grosseur

Mousqueton s'en empara.

Quant au ciseau, il n'eut point à le chercher bien loin, le poignard qu'il portait à sa ceinture pouvait le remplacer avantageusement.

Mousqueton chercha un coin où les planches fussent disjointes, ce qu'il n'eut pas de peine à trouver, et se mit immédiatement à l'œuvre.

Blaisois le regardait faire avec une admiration mêlée d'impatience, hasardant de temps en temps sur la façon de faire sauter un clou ou de pratiquer une pesée des observations pleines d'intelligence et de lucidité.

Au bout d'un instant, Mousqueton avait fait sauter trois planches.

— Là, dit Blaisois.

Mousqueton était le contraire de la grenouille de la fable, qui se croyait plus grosse qu'elle n'était.

Malheureusement, s'il était parvenu à diminuer son nom d'un tiers, il n'en était pas de même de son ventre.

Il essaya de passer par l'ouverture pratiquée, et vit avec douleur qu'il lui faudrait encore enlever deux ou trois planches au moins pour que l'ouverture fût à sa taille.

Il poussa un soupir et se retira pour se remettre à l'œuvre.

Mais Grimaud, qui avait fini ses comptes, s'était levé, et, avec un intérêt profond pour l'opération qui s'exécutait, il s'était approché de ses deux compagnons et avait vu les efforts inutiles tentés par Mousqueton pour atteindre la terre promise.

— Moi! dit Grimaud.

Ce mot valait à lui seul tout un sonnet, qui vaut à lui seul, comme on sait, tout un poëme.

Mousqueton se retourna.

— Quoi! vous? demanda-t-il

— Moi, je passerai.

— C'est vrai, dit Mousqueton en jetant un regard sur le corps long et mince de son ami, vous passerez, vous, et même facilement.

— C'est juste; il connait les tonneaux pleins, dit Blaisois, puisqu'il a déjà été dans la cave avec M. le chevalier d'Artagnan. Laissez passer M. Grimaud, monsieur Mouston.

— J'y serais passé aussi bien que Grimaud, dit Mousqueton un peu piqué.

— Oui, mais ce serait plus long, et j'ai bien soif. Je sens mon cœur qui se barbouille de plus en plus.

— Passez donc, Grimaud, dit Mousqueton en donnant à celui qui allait tenter l'expédition à sa place le pot de bière et la vrille.

— Rince les verres, dit Grimaud.

Puis il fit un geste amical à Mousqueton, afin que celui-ci lui pardonnât d'achever une expédition si brillamment commencée par un autre, et, comme une couleuvre, il se glissa par l'ouverture béante et disparut.

Blaisois semblait ravi en extase.

De tous les exploits accomplis depuis leur arrivée en Angleterre par les hommes extraordinaires auquel il avait le bonheur d'être adjoint, celui-là lui semblait sans contredit le plus miraculeux.

— Vous allez voir, dit alors Mousqueton en regardant Blaisois avec une supériorité à laquelle celui-ci n'essaya même point de se soustraire, vous allez voir, Blaisois, comment, nous autres anciens soldats, nous buvons quand nous avons soif.

— Le manteau, dit Grimaud au fond de la cave.

— C'est juste, dit Mousqueton.

— Que désire-t-il? demanda Blaisois.

— Qu'on bouche l'ouverture avec un manteau

— Pourquoi faire? demanda Blaisois.

— Innocent! dit Mousqueton, et si quelqu'un entrait?

— Ah! c'est vrai! s'écria Blaisois avec une admiration de plus en plus visible. Mais il n'y verra pas clair.

— Grimaud voit toujours clair, répondit Mousqueton, la nuit comme le jour.

— Il est bien heureux, dit Blaisois; quand je n'ai pas de chandelle, je ne puis pas faire deux pas sans me cogner, moi.

— C'est que vous n'avez pas servi, dit Mousqueton; sans cela vous auriez appris à ramasser une aiguille dans un four. Mais, silence! on vient, ce me semble.

Mousqueton fit entendre un petit sifflement d'alarme qui était familier aux laquais aux jours de leur jeunesse, reprit sa place à table et fit signe à Blaisois d'en faire autant.

Blaisois obéit.

La porte s'ouvrit.

Deux hommes enveloppés dans leurs manteaux parurent.

— Oh! oh! dit l'un d'eux, pas encore couchés à onze heures et un quart? c'est contre les règles. Que dans un quart d'heure tout soit éteint et que tout le monde ronfle.

Les deux hommes s'acheminèrent vers la porte du compartiment dans lequel s'était glissé Grimaud, ouvrirent cette porte, entrèrent, et la refermèrent derrière eux.

— Ah! dit Blaisois frémissant, il est perdu !

— C'est un bien fin renard que Grimaud, murmura Mousqueton.

Et ils attendirent, l'oreille au guet et l'haleine suspendue.

Dix minutes s'écoulèrent, pendant lesquelles on n'entendit aucun bruit qui pût faire soupçonner que Grimaud fût découvert.

Ce temps écoulé, Mousqueton et Blaisois virent la porte se rouvrir, les deux hommes en manteau sortirent, refermèrent la porte avec la même précaution qu'ils avaient fait en entrant, et ils s'éloignèrent en renouvelant l'ordre de se coucher et d'éteindre les lumières.

— Obéirons-nous? demanda Blaisois; tout cela me semble louche.

— Ils ont dit un quart d'heure; nous avons encore cinq minutes, reprit Mousqueton.

Mordaunt s'agenouilla et assura au bout de sa mèche.

— Si nous prévenions les maîtres?

— Attendons Grimaud.

— Mais s'ils l'ont tué?

— Grimaud eût crié.

— Vous savez qu'il est presque muet.

— Nous eussions entendu le coup, alors.

— Mais s'il ne revient pas?

— Le voici.

En effet, au moment même Grimaud écartait le manteau qui cachait l'ouverture et passait à travers cette ouverture une tête livide dont les yeux arrondis par l'effroi laissaient voir une petite prunelle dans un large cercle blanc.

Il tenait à la main le pot de bière plein d'une substance quelconque, l'approcha du rayon de lumière qu'envoyait la lampe fumeuse, et murmura ce simple monosyllabe: Oh ! avec une expression de si profonde terreur, que Mousqueton recula épouvanté et que Blaisois pensa s'évanouir.

Tous deux jetèrent néanmoins un regard curieux dans le pot à bière.

Il était plein de poudre.

Une fois convaincu que le bâtiment était chargé de poudre au lieu de l'être de vin, Grimaud s'élança vers l'écoutille et ne fit qu'un bond jusqu'à la chambre où dormaient les quatre amis.

Arrivé à cette chambre, il repoussa doucement la porte, laquelle en s'ouvrant réveilla immédiatement d'Artagnan, couché derrière elle.

A peine eut-il vu la figure décomposée de Grimaud qu'il comprit qu'il se passait quelque chose d'extraordinaire et voulut s'écrier.

Mais Grimaud, d'un geste plus rapide que la parole elle-même, mit un doigt sur ses lèvres, et d'un souffle qu'on

La porte s'ouvrit, et se referma après avoir donné passage aux deux hommes à manteau. — Page 22.

n'eût pas soupçonné dans un corps si frêle, il éteignit la petite veilleuse à trois pas.

D'Artagnan se souleva sur le coude, Grimaud mit un genou en terre, et là, le cou tendu, tous les sens surexcités, il lui glissa dans l'oreille un récit qui, à la rigueur, était

assez dramatique pour se passer du geste et du jeu de la physionomie.

Pendant ce récit, Athos, Porthos et Aramis dormaient comme des hommes qui n'ont pas dormi depuis huit jours, et, dans l'entre-pont, Mousqueton nouait par précaution ses aiguillettes, tandis que Blaisois, saisi d'horreur, les cheveux hérissés sur la tête, essayait d'en faire autant.

Voici ce qui s'était passé :

A peine Grimaud eut-il disparu par l'ouverture et se trouva-t-il dans le premier compartiment, qu'il se mit en quête et qu'il rencontra un tonneau

Il frappa dessus.

Le tonneau était vide.

Il passa à un autre, il était vide encore.

Mais le troisième sur lequel il répéta l'expérience rendit un son si mat, qu'il n'y avait point à s'y tromper.

Grimaud reconnut qu'il était plein.

Il s'arrêta à celui-ci, chercha une place convenable pour le percer avec sa vrille, et, en cherchant cet endroit, mit la main sur un robinet.

— Bon! dit Grimaud, voilà qui m'épargne de la besogne.

Et il approcha son pot à bière, tourna le robinet et sentit que le contenu passait tout doucement d'un récipient dans l'autre.

Grimaud, après avoir préalablement pris la précaution de fermer le robinet, allait porter le pot à ses lèvres, trop consciencieux qu'il était pour apporter à ses compagnons une liqueur dont il n'eût pas pu leur répondre, lorsqu'il entendit le signal d'alarme que lui donnait Mousqueton.

Il se douta de quelque ronde de nuit, se glissa dans l'intervalle de deux tonneaux et se cacha derrière une futaille.

En effet, un instant après, la porte s'ouvrit et se referma après avoir donné passage aux deux hommes à manteau que nous avons vus passer et repasser devant Blaisois et Mousqueton en donnant l'ordre d'éteindre les lumières.

L'un des deux portait une lanterne garnie de vitres, soigneusement fermée et d'une telle hauteur que la flamme ne pouvait atteindre à son sommet.

De plus, les vitres elles-mêmes étaient recouvertes d'une feuille de papier blanc qui adoucissait ou plutôt absorbait la lumière et la chaleur.

Cet homme était Groslow.

L'autre tenait à la main quelque chose de long, de flexible et de roulé comme une corde blanchâtre.

Son visage était recouvert d'un chapeau à larges bords.

Grimaud, croyant que le même sentiment que le sien les attirait dans le caveau, et que, comme lui, ils venaient faire une visite au vin de Porto, se blottit de plus en plus derrière sa futaille, se disant qu'au reste, s'il était découvert, le crime n'était pas bien grand.

Arrivés au tonneau derrière lequel Grimaud était caché, les deux hommes s'arrêtèrent.

— Avez-vous la mèche? demanda en anglais celui qui portait le falot.

— La voici, dit l'autre.

A la voix du dernier, Grimaud tressaillit et sentit un fris-

son lui passer jusque dans la moelle des os; il se souleva lentement. jusqu'à ce que sa tête dépassât le cercle de bois, et, sous le large chapeau, il reconnut la pâle figure de Mordaunt.

— Combien de temps peut durer cette mèche? demanda-t-il.

— Mais cinq minutes à peu près, dit le patron.

Cette voix non plus n'était pas étrangère à Grimaud.

Ses regards passèrent de l'un à l'autre, et, après Mordaunt, il reconnut Groslow.

— Alors, dit Mordaunt, vous allez prévenir vos hommes de se tenir prêts, sans leur dire à quoi. La chaloupe suit-elle le bâtiment?

— Comme un chien suit son maître au bout d'une laisse de chanvre.

— Alors, quand la pendule piquera le quart après minuit, vous réunirez vos hommes, vous descendrez sans bruit dans la chaloupe.

— Après avoir mis le feu à la mèche?

— Ce soin me regarde. Je veux être sûr de ma vengeance Les rames sont dans le canot?

— Tout est préparé.

— Bien.

— C'est entendu, alors.

Mordaunt s'agenouilla et assura un bout de sa mèche au robinet, pour n'avoir plus qu'à mettre le feu à l'extrémité opposée.

Puis, cette opération achevée, il tira sa montre.

— Vous avez entendu? Au quart après minuit, dit-il en se relevant, c'est-à-dire...

Il tira sa montre.

— Dans vingt minutes.

— Parfaitement, monsieur, répondit Groslow. Seulement, je dois vous faire observer une dernière fois qu'il y a quelque danger dans la mission que vous vous réservez, et qu'il vaudrait mieux charger un de nos hommes de mettre le feu à l'artifice.

— Mon cher Groslow, vous connaissez le proverbe français : « On n'est bien servi que par soi-même. » Je le mettrai en pratique.

Grimaud avait tout écouté, sinon tout entendu.

Mais la vue suppléait chez lui au défaut de compréhension parfaite de la langue.

Il avait vu Mordaunt disposer la mèche.

Il avait entendu le proverbe, que, pour sa plus grande facilité, Mordaunt avait dit en français.

Enfin, il palpait et repalpait le contenu du cruchon qu'il tenait à la main, et, au lieu du liquide qu'attendaient Mousqueton et Blaisois, criaient et s'écrasaient sous ses doigts les grains d'une poudre grossière.

Mordaunt s'éloigna avec le patron.

A la porte il s'arrêta écoutant.

— Entendez-vous comme ils dorment? dit-il.

En effet, on entendait ronfler Porthos à travers le plancher.

— C'est Dieu qui vous les livre! dit Groslow.

— Et cette fois, dit Mordaunt, le diable ne les sauverait pas!

Et tous deux sortirent.

Grimaud attendit qu'il eût entendu grincer le pêne de la porte dans la serrure, et, quand il se fut assuré qu'il était seul, il se dressa lentement le long de la muraille.

— Ah! fit-il en essuyant avec sa manche les larges gouttes de sueur qui perlaient sur son front; comme c'est heureux que Mousqueton ait eu soif!

Il se hâta de passer par son trou, croyant encore rêver.

Mais la vue de la poudre dans le pot à bière lui prouva que ce rêve était un cauchemar mortel.

D'Artagnan, comme on le pense, écouta tous ces détails avec un intérêt croissant, et, sans attendre que Grimaud eût fini, il se leva sans secousse, et, approchant sa bouche de l'oreille d'Aramis, qui dormait à gauche, et lui touchant l'épaule en même temps pour prévenir tout mouvement brusque :

— Chevalier, lui dit-il, levez-vous et ne faites pas le moindre bruit.

Aramis s'éveilla.

D'Artagnan répéta son invitation en lui serrant la main.

Aramis obéit.

— Vous avez Athos à votre gauche, continua le Gascon, prévenez-le comme je vous ai prévenu.

Aramis réveilla facilement Athos, dont le sommeil était léger comme l'est ordinairement celui de toutes les natures fines et nerveuses.

Mais on eut plus de difficulté pour réveiller Porthos.

Il allait demander les causes et les raisons de cette interruption de son sommeil, qui lui paraissait fort déplaisante, lorsque d'Artagnan, pour toute explication, lui appliqua la main sur la bouche.

Alors, notre Gascon, allongeant les bras et les ramenant à lui, enferma dans leur cercle les trois têtes de ses amis de façon à ce qu'elles se touchassent pour ainsi dire.

— Amis, dit-il, nous allons immédiatement quitter ce bateau, ou nous sommes tous morts.

— Bah! dit Athos, encore?

— Savez-vous quel est le capitaine du bâtiment?

— Non

— Le colonel Groslow.

Un frémissement des trois mousquetaires apprit à d'Artagnan que son discours commençait à faire quelque impression sur ses amis.

— Groslow! fit Aramis; diable!

— Qu'est-ce que c'est que cela, Groslow? demanda Porthos, je ne me le rappelle plus.

— Celui qui a cassé la tête à Parry, et qui s'apprête en ce moment à casser les nôtres.

— Oh! oh!

— Et son lieutenant, savez-vous qui c'est!

— Son lieutenant? il n'en a pas, dit Athos. On n'a pas de lieutenant dans une felouque montée par quatre hommes.

— Oui, mais M. Groslow n'est pas un capitaine comme un autre. Il a un lieutenant, lui, et ce lieutenant est M. Mordaunt!

Cette fois, ce fut plus qu'un frémissement parmi les mousquetaires, ce fut presque un cri.

Ces hommes invincibles étaient soumis à l'influence mystérieuse et fatale qu'exerçait ce nom sur eux, et ressentaient de la terreur à l'entendre seulement prononcer.

— Que faire? demanda Athos.

— Nous emparer de la felouque, répondit Aramis.

— Et le tuer, dit Porthos.

— La felouque est minée, dit d'Artagnan. Ces tonneaux que j'ai pris pour des futailles pleines de porto sont des tonneaux de poudre. Quand Mordaunt se verra découvert, il fera tout sauter, amis et ennemis, et, ma foi! c'est un monsieur de trop mauvaise compagnie pour que j'aie le désir de me présenter en sa société, soit au ciel, soit à l'enfer.

— Vous avez donc un plan? demanda Athos.

— Oui.

— Lequel?

— Avez-vous confiance en moi?

— Ordonnez! dirent ensemble les trois mousquetaires.

— Eh bien! venez.

D'Artagnan alla à une fenêtre basse comme un dalot, mais qui suffisait à donner passage à un homme; il la fit glisser doucement sur sa charnière.

— Voilà le chemin, dit-il.

— Diable! dit Aramis, il fait bien froid, cher ami!

— Restez, si vous voulez, ici; mais je vous préviens qu'il y fera trop chaud tout à l'heure.

— Mais nous ne pouvons pas gagner la terre à la nage!

— La chaloupe suit en laisse; nous gagnerons la chaloupe et nous couperons la laisse. Voilà tout. Allons, messieurs.

— Un instant, dit Athos. Les laquais?

— Nous voici, dirent Mousqueton et Blaisois, que Grimaud avait été chercher pour concentrer toutes les forces dans la cabine, et qui, par l'écoutille, qui touchait presque à la porte, étaient entrés sans être vus.

Cependant, les trois amis étaient restés immobiles devant le terrible spectacle que leur avait découvert d'Artagnan en soulevant le volet et qu'ils voyaient par cette étroite ouverture.

En effet, quiconque a vu ce spectacle une fois sait que rien n'est plus profondément saisissant qu'une mer houleuse, roulant avec de sourds murmures ses vagues noires à la pâle clarté d'une lune d'hiver.

— Cordieu! dit d'Artagnan, nous hésitons, ce me semble. Si nous hésitons, nous, que feront donc les laquais?

— Je n'hésite pas, moi, dit Grimaud.

— Monsieur, dit Blaisois, je ne sais nager que dans les rivières, je vous en préviens.

— Voilà le chemin, dit-il. — PAGE 23.

— Et moi, je ne sais pas nager du tout, dit Mousqueton.

Pendant ce temps, d'Artagnan s'était glissé par l'ouverture.

— Vous êtes donc décidé, ami? dit Athos.

— Oui, répondit le Gascon. Allons, Athos, vous qui êtes l'homme parfait, dites à l'esprit de dominer la matière. Vous, Aramis, donnez le mot aux laquais; vous, Porthos, tuez tout ce qui nous fera obstacle.

Et d'Artagnan, après avoir serré la main d'Athos, choisit le moment où, par un mouvement de tangage, la felouque plongeait de l'arrière, de sorte qu'il n'eut qu'à se glisser dans l'eau, qui l'enveloppait déjà jusqu'à la ceinture.

Athos le suivit avant même que la felouque fût relevée; après Athos, elle se releva et l'on vit se tendre et sortir de l'eau le câble qui attachait la chaloupe.

D'Artagnan nagea vers ce câble et l'atteignit.

Là, il attendit, suspendu à ce câble par une main et la tête seule à fleur d'eau.

Au bout d'une seconde, Athos le rejoignit.

— Ah çà ! je vous étrangle tous deux si vous ne sortez pas ! — PAGE 26.

Puis on vit, au tournant de la felouque, poindre deux autres têtes.
C'étaient celles d'Aramis et de Grimaud.

— Blaisois m'inquiète, dit Athos. N'avez-vous pas entendu, d'Artagnan, qu'il a dit qu'il ne savait nager que dans les rivières?

— Quand on sait nager, on nage partout, dit d'Artagnan : à la barque! à la barque!

— Mais Porthos? je ne le vois pas!

— Porthos va venir, soyez tranquille, il nage comme Léviathan lui-même.

3   4

En effet, Porthos ne paraissait point, car une scène moitié burlesque, moitié dramatique, se passait entre lui, Mousqueton et Blaisois.

Ceux-ci, épouvantés par le bruit de l'eau, par le sifflement du vent, effarés par la vue de cette eau noire bouillonnant dans le gouffre, reculaient au lieu d'avancer.

— Allons! allons! dit Porthos, à l'eau!

— Mais, monsieur, disait Mousqueton, je ne sais pas nager, laissez-moi ici.

— Et moi aussi, monsieur, disait Blaisois.

— Je vous assure que je vous embarrasserai dans cette petite barque, reprit Mousqueton.

— Et moi, je me noierai bien sûr avant que d'y arriver, continuait Blaisois.

— Ah çà! je vous étrangle tous deux si vous ne sortez pas! dit Porthos en les saisissant à la gorge. En avant, Blaisois!

Un gémissement étouffé par la main de fer de Porthos fut toute la réponse de Blaisois, car le géant, le tenant par le cou et par les pieds, le fit glisser comme une planche par la fenêtre et l'envoya dans la mer la tête en bas.

— Maintenant, Mouston, dit Porthos, j'espère que vous n'abandonnerez pas votre maître.

— Ah! monsieur, dit Mousqueton les larmes aux yeux, pourquoi avez-vous repris du service? nous étions si bien au château de Pierrefonds!

Et, sans autre reproche, devenu passif et obéissant, soit par dévouement réel, soit par l'exemple donné à l'égard de Blaisois, Mousqueton donna tête baissée dans la mer.

Action sublime en tout cas, car Mousqueton se croyait mort.

Mais Porthos n'était pas homme à abandonner ainsi son fidèle compagnon.

Le maître suivit de si près le valet, que la chute des deux corps ne fit qu'un seul et même bruit, de sorte que, lorsque Mousqueton revint sur l'eau tout aveuglé, il se trouva sou-tenu par la large main de Porthos, et put, sans avoir besoin de faire aucun mouvement, s'avancer vers la corde avec la majesté d'un dieu marin.

Au même instant, Porthos vit tourbillonner quelque chose à la portée de son bras.

Il saisit ce quelque chose par la chevelure.

C'était Blaisois, au-devant duquel venait déjà Athos.

— Allez, allez, comte, dit Porthos, je n'ai pas besoin de vous.

Et en effet, d'un coup de jarret vigoureux, Porthos se dressa comme le géant Adamastor au-dessus de la lame, et en trois élans il se trouva avoir rejoint ses compagnons.

D'Artagnan, Aramis et Grimaud aidèrent Mousqueton et Blaisois à monter, puis vint le tour de Porthos, qui, en enjambant par-dessus le bord, manqua de faire chavirer la petite embarcation.

— Et Athos? demanda d'Artagnan.

— Me voici, dit Athos, qui, comme un général soutenant la retraite, n'avait voulu monter que le dernier et se tenait au rebord de la barque. Etes-vous tous réunis?

— Tous, dit d'Artagnan. Et vous, Athos, avez-vous votre poignard?

— Oui.

— Alors, coupez le câble et venez.

Athos tira un poignard acéré de sa ceinture et coupa la corde.

La felouque s'éloigna, la barque resta stationnaire, sans autre mouvement que celui que lui imprimaient les vagues.

— Venez, Athos, dit d'Artagnan.

Et il tendit la main au comte de la Fère, qui prit à son tour place dans le bateau.

— Il était temps, dit le Gascon, et vous allez voir quelque chose de curieux!

CHAPITRE IV.

FATALITY

En effet, d'Artagnan achevait à peine ces paroles, qu'un coup de sifflet retentit sur la felouque, qui commençait à s'enfoncer dans la brume et dans l'obscurité.

— Ceci, comme vous le comprenez bien, dit le Gascon, ut dire quelque chose.

En ce moment, on vit un falot apparaître sur le pont et dessiner des ombres à l'arrière.

Soudain, un cri terrible, un cri de désespoir, traversa l'espace, et, comme si ce cri eût chassé les nuages, le voile qui cachait la lune s'écarta, et l'on vit se dessiner sur le ciel, argenté d'une pâle lumière, la voilure grise et les cordons noirs de la felouque.

Des ombres couraient éperdues sur le navire, et des cris lamentables accompagnaient ces promenades insensées.

Au milieu de ces cris, on vit apparaître sur le couronnement de la poupe Mordaunt, une torche à la main.

Ces ombres qui couraient éperdues sur le navire, c'étaient Groslow qui, à l'heure indiquée par Mordaunt, avait rassemblé ses hommes, tandis que celui-ci, après avoir écouté à la porte de la cabine si les mousquetaires dormaient toujours, était descendu dans la cale, rassuré par le silence.

En effet, qui eût pu soupçonner ce qui venait de se passer?

Mordaunt avait en conséquence ouvert la porte et couru à la mèche.

Ardent comme un homme altéré de vengeance et sûr de lui comme ceux que Dieu aveugle, il avait mis le feu au soufre.

Pendant ce temps, Groslow et ses matelots s'étaient réunis à l'arrière.

— Halez la corde, dit Groslow, et attirez la chaloupe à nous.

Un des matelots enjamba la muraille du navire, saisit le câble et tira à lui sans résistance aucune.

— Le câble est coupé! s'écria le marin; plus de canot!

— Comment, plus de canot! dit Groslow en s'élançant à son tour sur le bastingage, c'est impossible!

— Cela est cependant, dit le marin, voyez plutôt; rien dans le sillage, et d'ailleurs voilà le bout du câble.

C'était alors que Groslow avait poussé ce rugissement que les mousquetaires avaient entendu.

— Qu'y a-t-il? s'écria Mordaunt, qui sortant de l'écoutille, s'élançait à son tour vers l'arrière, sa torche à la main.

— Il y a que nos ennemis nous échappent; il y a qu'ils ont coupé la corde et qu'ils fuient avec le canot.

Mordaunt ne fit qu'un bond jusqu'à la cabine, dont il enfonça la porte d'un coup de pied.

— Vide! s'écria-t-il. Oh! les démons!

— Nous allons les poursuivre, dit Groslow; ils ne peuvent être loin, et nous les coulerons en passant sur eux.

— Oui, mais le feu! dit Mordaunt. J'ai mis le feu!

— A quoi?

— A la mèche!

— Mille tonnerres! hurla Groslow en se précipitant vers l'écoutille. Peut-être est-il encore temps!

Mordaunt ne répondit que par un rire terrible et les traits bouleversés par la haine plus encore que par la terreur, cherchant le ciel de ses yeux hagards pour lui lancer un dernier blasphème.

Il jeta d'abord sa torche dans la mer, puis il s'y précipita lui-même.

Au même instant, et comme Groslow mettait le pied sur l'escalier de l'écoutille, le navire s'ouvrit comme le cratère d'un volcan; un jet de feu s'élança vers le ciel avec une explosion pareille à celle de cent pièces de canon qui tonneraient à la fois; l'air s'embrasa tout alentour comme embrasés eux-mêmes, puis l'effroyable éclair disparut, les débris retombèrent l'un après l'autre, frémissant dans l'abîme, où ils s'éteignirent, et, à l'exception d'une vibration dans l'air, au bout d'un instant, on crut qu'il ne s'était rien passé.

Seulement, la felouque avait disparu de la surface de la mer, et Groslow et ses trois hommes étaient anéantis.

Les quatre amis avaient tout vu, aucun des détails de ce terrible drame ne leur avait échappé.

Un instant inondés de cette lumière éclatante qui avait éclairé la mer à plus d'une lieue, on avait pu les voir chacun dans une attitude diverse, exprimant l'effroi que, malgré leurs cœurs de bronze, ils ne pouvaient s'empêcher de ressentir.

Bientôt la pluie de flammes retomba tout autour d'eux; puis enfin le volcan s'éteignit comme nous l'avons raconté, et tout rentra dans l'obscurité, barque flottante et Océan houleux.

Ils demeurèrent un instant silencieux et abattus.

Porthos et d'Artagnan, qui avaient pris chacun une rame, la soutenaient machinalement au-dessus de l'eau en pesant dessus de tout leur corps et en l'étreignant de leurs mains crispées.

— Ma foi, dit Aramis, rompant le premier ce silence de mort, pour cette fois, je crois que tout est fini.

— A moi, milords! à l'aide! au secours! cria une voix lamentable dont les accents parvinrent aux quatre amis pareille à celle de quelque esprit de la mer.

Tous se regardèrent.

Athos lui-même tressaillit.

— C'est lui, c'est sa voix! dit-il.

Tous gardèrent le silence, car tous avaient comme Athos reconnu cette voix.

Seulement, leurs regards aux prunelles dilatées se tournèrent dans la direction où avait disparu le bâtiment, faisant des efforts inouïs pour percer l'obscurité...

Au bout d'un instant, on commença de distinguer un homme.

Il s'approchait, nageant avec vigueur

Athos étendit lentement le bras vers lui, le montrant du doigt à ses compagnons.

— Oui, oui, dit d'Artagnan, je le vois bien.

— Encore lui! dit Porthos en respirant comme un soufflet de forge. Ah çà! mais il est donc de fer?

— Vide! s'écria-t-il. Ah! les démons! — Page 27.

— O mon Dieu! murmura Athos.

Aramis et d'Artagnan se parlaient à l'oreille.

Mordaunt fit encore quelques brassées, et, levant en signe de détresse une main au-dessus de la mer :

— Pitié! messieurs, pitié, au nom du ciel! je sens mes forces qui m'abandonnent, je vais mourir!

La voix qui implorait ce secours était si vibrante qu'elle alla éveiller la compassion au fond du cœur d'Athos

— Le malheureux! murmura-t-il.

— Bon! dit d'Artagnan, il ne vous manque plus que de le plaindre! En vérité, je crois qu'il nage vers nous. Pense-t-il donc que nous allons le prendre? Ramez, Porthos, ramez!

Et, donnant l'exemple, d'Artagnan plongea sa rame dans la mer; deux coups d'aviron éloignèrent la barque de vingt brasses.

— Oh! vous ne m'abandonnerez pas! vous ne me laisserez pas périr! vous ne serez pas sans pitié! s'écria Mordaunt.

— Pitié! messieurs! pitié, au nom du ciel! Je sens mes forces qui m'abandonnent; je vais mourir! — Page 26.

— Ah! ah! dit Porthos à Mordaunt, je crois que nous vous tenons enfin, mon brave, et que vous n'avez pour vous sauver ici d'autre porte que celle de l'enfer!

— Oh! Porthos! murmura le comte de la Fère.

— Laissez-moi tranquille, Athos! en vérité vous devenez ridicule, avec vos éternelles générosités! D'abord, s'il approche à dix pieds de la barque, je vous déclare que je lui fends la tête d'un coup d'aviron.

— Oh! de grâce... ne me fuyez pas, messieurs... de grâce... ayez pitié de moi! cria le jeune homme, dont la respiration haletante faisait parfois, quand sa tête disparaissait sous la vague, bouillonner l'eau glacée.

D'Artagnan, qui, tout en suivant de l'œil chaque mouvement de Mordaunt, avait terminé son colloque avec Aramis, se leva.

— Monsieur, dit-il en s'adressant au nageur, éloignez-vous, s'il vous plait. Votre repentir est de trop fraiche date pour que nous y ayons une bien grande confiance; faites attention que le bateau dans lequel vous avez voulu nous griller fume encore à quelques pieds sous l'eau, et que la situation dans laquelle vous êtes est un lit de roses en comparaison de celle où vous vouliez nous mettre et où vous avez mis M. Groslow et ses compagnons.

— Messieurs, reprit Mordaunt avec un accent plus désespéré, je vous jure que mon repentir est véritable. Messieurs, je suis si jeune, j'ai été entraîné par un ressentiment bien naturel, j'ai voulu venger ma mère, et vous eussiez tous fait ce que j'ai fait.

— Peuh! fit d'Artagnan, voyant qu'Athos s'attendrissait de plus en plus; c'est selon.

Mordaunt n'avait plus que trois ou quatre brassées à faire pour atteindre la barque, car l'approche de la mort semblait lui donner une vigueur surnaturelle.

— Hélas! reprit-il, je vais donc mourir! vous allez donc tuer le fils comme vous avez tué la mère! Et cependant je n'étais pas coupable: selon toutes les lois divines et humaines, un fils doit venger sa mère. D'ailleurs, ajouta-t-il en joignant les mains, si c'est un crime, puisque je m'en repens, puisque j'en demande pardon, je dois être pardonné.

Alors, comme si les forces lui manquaient, il sembla ne plus pouvoir se soutenir sur l'eau, et une vague passa sur sa tête, qui éteignit sa voix.

— Oh! cela me déchire! dit Athos.

Mordaunt reparut.

— Et moi, répondit d'Artagnan, je dis qu'il faut en finir. Monsieur l'assassin de votre oncle, monsieur le bourreau du roi Charles, monsieur l'incendiaire, je vous engage à vous laisser couler à fond, ou, si vous approchez encore de la barque d'une seule brassée, je vous casse la tête avec mon aviron.

Mordaunt, comme au désespoir, fit une brassée.

D'Artagnan prit sa rame à deux mains.

Athos se leva.

— D'Artagnan! d'Artagnan! s'écria-t-il; d'Artagnan! mon fils, je vous en supplie! Le malheureux va mourir, et c'est affreux de laisser mourir un homme sans lui tendre la main, quand on n'a qu'à lui tendre la main pour le sauver. Oh! mon cœur me défend une pareille action. Je ne puis y résister, il faut qu'il vive!

— Mordieu! répliqua d'Artagnan, pourquoi ne nous livrez-vous pas tout de suite pieds et poings liés à ce misérable? Ce sera plus tôt fait. Ah! comte de la Fère, vous voulez périr par lui; eh bien! moi, votre fils, comme vous m'appelez, je ne le veux pas!

C'était la première fois que d'Artagnan résistait à une prière qu'Athos faisait en l'appelant son fils.

Aramis tira froidement son épee, qu'il avait emportée entre ses dents à la nage.

— S'il pose la main sur le bordage, dit-il, je la lui coupe comme à un régicide qu'il est.

— Et moi, dit Porthos, attendez...

— Qu'allez-vous faire? demanda Aramis.

— Je vais me jeter à l'eau et je l'étranglerai.

— Oh! messieurs, s'écria Athos avec un sentiment irrésistible, soyons hommes, soyons chrétiens!

D'Artagnan poussa un soupir qui ressemblait à un gémissement.

Aramis abaissa son épée.

Porthos se rassit.

— Voyez, continua Athos, voyez, la mort se peint sur son visage; ses forces sont à bout; une minute encore, et il coule au fond de l'abime. Ah! ne me donnez pas cet horrible remords; ne me forcez pas à mourir de honte à mon tour; mes amis, accordez-moi la vie de ce malheureux, je vous bénirai, je vous..

— Je me meurs! murmura Mordaunt; à moi!... à moi!...

— Gagnons une minute, dit Aramis en se penchant à gauche et en s'adressant à d'Artagnan. Un coup d'aviron, ajouta-t-il en se penchant à droite vers Porthos.

D'Artagnan ne répondit ni du geste ni de la parole: il commençait d'être ému, moitié des supplications d'Athos, moitié par le spectacle qu'il avait sous les yeux.

Porthos seul donna un coup de rame, et, comme ce coup n'avait pas de contre-poids, la barque tourna seulement sur elle-même, et ce mouvement rapprocha Athos du moribond.

— Monsieur le comte de la Fère! s'écria Mordaunt, monsieur le comte de la Fère! c'est à vous que je m'adresse, c'est vous que je supplie, ayez pitié de moi!... Où êtes-vous, monsieur le comte de la Fère? je n'y vois plus... je me meurs!... À moi! à moi!

— Me voici, monsieur, dit Athos en se penchant et en étendant le bras vers Mordaunt avec cet air de noblesse et de dignité qui lui était habituel; me voici, prenez ma main et entrez dans notre embarcation.

— J'aime mieux ne pas regarder, dit d'Artagnan; cette faiblesse me répugne.

Il se retourna vers les deux amis, qui, de leur côté, se pressaient au fond de la barque, comme s'ils eussent craint de toucher celui auquel Athos seul ne craignit pas de tendre la main.

Mordaunt fit un effort suprême, se souleva, saisit cette main qui se tendait vers lui, et s'y cramponna avec la véhémence du dernier espoir.

— Bien! dit Athos, mettez votre main ici.

Et il lui offrit son épaule comme second point d'appui, de sorte que sa tête touchait presque la tête de Mordaunt, et que ces deux ennemis mortels se tenaient embrassés comme deux frères.

Mordaunt étreignit de ses doigts crispés le collet d'Athos.

— Bien, monsieur, dit le comte; maintenant, vous voilà sauvé, tranquillisez-vous.

— Ah! ma mère, s'écria Mordaunt avec un regard flamboyant et un accent de haine impossible à décrire, je ne puis t'offrir qu'une victime, mais ce sera du moins celle que tu eusses choisie!

Et, tandis que d'Artagnan poussait un cri, que Porthos levait l'aviron, qu'Aramis cherchait une place pour frapper, une effrayante secousse donnée à la barque entraînait Athos dans l'eau, tandis que Mordaunt, poussant un cri de triomphe, serrait le cou de sa victime et enveloppait, pour paralyser ses mouvements, ses jambes entre les siennes, comme aurait pu le faire un serpent.

Un instant, sans pousser un cri, sans appeler à son aide, Athos essaya de se maintenir à la surface de la mer, mais le poids l'entraînant, il disparut peu à peu.

Bientôt on ne vit plus que ses longs cheveux flottants.

Puis tout disparut, et un large bouillonnement, qui s'effaça à son tour, indiqua seul l'endroit où tous deux s'étaient engloutis.

Muets d'horreur, immobiles, suffoqués par l'indignation et l'épouvante, les trois amis étaient restés la bouche béante et les yeux dilatés, les bras tendus.

Ils semblaient des statues, et cependant, malgré leur immobilité, on entendait battre leur cœur.

Porthos le premier revint à lui, et s'arrachant les cheveux à pleines mains :

— Oh! s'écria-t-il avec un sanglot déchirant chez un pareil homme surtout; oh! Athos, Athos! noble cœur! Malheur! malheur sur nous, qui t'avons laissé mourir!

— Oh! oui, répéta d'Artagnan, malheur!

— Malheur! murmura Aramis.

En ce moment, au milieu du vaste cercle illuminé des rayons de la lune, à quatre ou cinq brasses de la barque, le même tourbillonnement qui avait annoncé l'absorption se renouvela, et l'on vit reparaître, d'abord des cheveux, puis un visage pâle aux yeux ouverts, mais cependant morts, puis un corps qui, après s'être dressé jusqu'au buste au-dessus de la mer, se renversa mollement sur le dos, selon le caprice de la vague.

Dans la poitrine du cadavre était enfoncé un poignard dont le pommeau d'or étincelait.

— Mordaunt! Mordaunt! Mordaunt! s'écrièrent les trois amis; c'est Mordaunt!

— Mais Athos? dit d'Artagnan.

Tout à coup la barque pencha à gauche sous un poids nouveau et inattendu, et Grimaud poussa un hurlement de joie; tous se retournèrent, et l'on vit Athos livide, l'œil éteint et la main tremblante, se reposer en s'appuyant sur le bord du canot. Huit bras nerveux l'enlevèrent aussitôt et le déposèrent dans la barque, où dans un instant Athos se sentit réchauffé, ranimé, renaissant sous les caresses et dans les étreintes de ses amis ivres de joie.

— Vous n'êtes pas blessé, au moins? demanda d'Artagnan.

— Non, répondit Athos... Et lui?

— Oh! lui, pour cette fois, Dieu merci! il est bien mort. Tenez!

Et d'Artagnan, forçant Athos de regarder dans la direction qu'il lui indiquait, lui montra le corps de Mordaunt flottant sur le dos des lames, et qui, tantôt submergé, tantôt relevé, semblait encore poursuivre les quatre amis d'un regard chargé d'insulte et de haine mortelle.

Enfin il s'abîma.

Athos l'avait suivi d'un œil empreint de mélancolie et de pitié.

— Bravo! Athos! dit Aramis avec une effusion bien rare chez lui.

— Le beau coup! s'écria Porthos.

— J'avais un fils, dit Athos, j'ai voulu vivre.

— Enfin, dit d'Artagnan, voilà où Dieu a parlé!

— Ce n'est pas moi qui l'ai tué, murmura Athos, c'est le destin.

CHAPITRE V.

OÙ, APRÈS AVOIR MANQUÉ D'ÊTRE RÔTI, MOUSQUETON MANQUE
D'ÊTRE MANGÉ.

Un profond silence régna longtemps dans le canot après
la scène terrible que nous venons de raconter.

La lune, qui s'était montrée un instant comme si Dieu eût
voulu qu'aucun détail de cet événement ne restât caché aux
yeux des spectateurs, disparut derrière les nuages; tout rentra dans cette obscurité si effrayante dans tous les déserts,
et surtout sur ce désert liquide qu'on appelle l'Océan, et
l'on n'entendit plus que le sifflement du vent d'ouest dans
la crête des lames...

Porthos rompit le premier le silence.

— J'ai vu bien des choses, dit-il, mais aucune ne m'a
ému comme celle que je viens de voir. Cependant, tout
troublé que je suis, je vous déclare que je me sens excessi-

Dans la poitrine du cadavre était enfoncé un poignard dont le pommeau d'or étincelait. — PAGE 31.

vement heureux. J'ai cent livres de moins sur la poitrine, et
je respire enfin librement.

En effet, Porthos respira avec un bruit qui faisait honneur au jeu puissant de ses poumons.

— Pour moi, dit Aramis, je n'en dirai pas autant que
vous, Porthos; je suis encore épouvanté. C'est au point que
je n'en crois pas mes yeux, que je doute de ce que j'ai vu,
que je cherche tout autour du canot, et que je m'attends à
chaque minute à voir reparaître ce misérable tenant à la
main le poignard qu'il avait dans le cœur.

— Oh! moi, je suis tranquille, reprit Porthos; le coup a
été porté vers la sixième côte et enfoncé jusqu'à la garde.
Je ne vous en fais pas un reproche, Athos, au contraire.

Quand on frappe, c'est comme cela qu'il faut frapper. Aussi,
je vis à présent, je respire, je suis joyeux.

— Ne vous hâtez pas de chanter victoire, Porthos, dit
d'Artagnan; jamais nous n'avons couru un danger plus
grand qu'à cette heure, car un homme vient à bout d'un
homme, mais non pas d'un élément. Or, nous sommes en
mer, la nuit, sans guide, dans une frêle barque; qu'un
coup de vent fasse chavirer le canot, et nous sommes
perdus.

Mousqueton poussa un profond soupir.

— Vous êtes ingrat, d'Artagnan, dit Athos; oui, ingrat
de douter de la Providence au moment où elle vient de nous
sauver tous d'une façon si miraculeuse. Croyez-vous qu'elle

nous ait fait passer, en nous guidant par la main, à travers tant de périls, pour nous abandonner ensuite? Non pas. Nous sommes partis par un vent d'ouest; ce vent souffle toujours.

Athos s'orienta sur l'étoile polaire.

— Voici le Chariot, par conséquent là est la France. Laissons-nous aller au vent, et, tant qu'il ne changera point, il nous poussera vers les côtes de Calais ou de Boulogne. Si la barque chavire, nous sommes assez forts et assez bons nageurs, à nous cinq du moins, pour la retourner, ou pour nous attacher à elle si cet effort est au-dessus de nos forces

Grimaud, sans rien dire, mettait son chapeau au bout de sa rame, pour attirer les regards de ceux qu'allait frapper le son de la voix. — PAGE 35.

Or, nous nous trouvons sur la route de tous les vaisseaux qui vont de Douvres à Calais et de Portsmouth à Boulogne; si l'eau conservait leurs traces, leur sillage eût creusé une vallée à l'endroit même où nous sommes. Il est donc impossible qu'au jour nous ne rencontrions pas quelque barque de pêcheur qui nous recueillera.

— Mais si nous n'en rencontrions point, par exemple, et que le vent tournât au nord?

— Alors, dit Athos, c'est autre chose, nous ne retrouverions la terre que de l'autre côté de l'Atlantique.

— Ce qui veut dire que nous mourrions de faim, reprit Aramis.

— C'est plus que probable, dit le comte de la Fère.

Mousqueton poussa un second soupir plus douloureux encore que le premier.

3

— Ah çà ! Mouston, demanda Porthos, qu'avez-vous donc à gémir toujours ainsi ? cela devient fastidieux !

— J'ai que j'ai froid, monsieur, dit Mousqueton.

— C'est impossible, dit Porthos.

— Impossible ? dit Mousqueton étonné.

— Certainement. Vous avez le corps couvert d'une couche de graisse qui le rend impénétrable à l'air. Il y a autre chose, parlez franchement.

— Eh bien ! oui, monsieur, et c'est même cette couche de graisse dont vous me glorifiez qui m'épouvante, moi.

— Et pourquoi cela, Mouston ? parlez hardiment, ces messieurs vous le permettent.

— Parce que, monsieur, je me rappelais que dans la bibliothèque du château de Bracieux il y a une foule de livres de voyage, et, parmi ces livres de voyage, ceux de Jean Moquet, le fameux voyageur du roi Henri IV

— Après ?

— Eh bien ! monsieur, dit Mousqueton, dans ces livres, il est fort parlé d'aventures maritimes et d'événements semblables à celui qui nous menace en ce moment.

— Continuez, Mousqueton, dit Porthos. Cette analogie est pleine d'intérêt.

— Eh bien ! monsieur, en pareil cas, les voyageurs affamés, dit Jean Moquet, ont l'habitude affreuse de se manger les uns les autres et de commencer par...

— Par le plus gras ! s'écria d'Artagnan, ne pouvant s'empêcher de rire malgré la gravité de la situation.

— Oui, monsieur, répondit Mousqueton un peu abasourdi de cette hilarité, et permettez-moi de vous dire que je ne vois pas ce qu'il peut y avoir de risible là-dedans.

— C'est le dévouement personnifié, que ce brave Mouston ! reprit Porthos. Gageons que tu te voyais déjà dépecé et mangé par ton maître ?

— Oui, monsieur, quoique cette joie que vous devinez en moi ne soit pas, je vous l'avoue, sans quelque mélange de tristesse. Cependant, je ne me regretterais pas trop, monsieur, si, en mourant, j'avais la certitude de vous être utile encore.

— Mouston, dit Porthos attendri, si nous revoyons jamais le château de Pierrefonds, vous aurez en toute propriété, pour vous et vos descendants, le clos de vigne qui surmonte la ferme.

— Et vous le nommerez la vigne du dévouement, Mousqueton, dit Aramis, pour transmettre aux derniers âges le souvenir de votre sacrifice.

— Chevalier, dit d'Artagnan en riant à son tour, vous eussiez mangé du Mouston sans trop de répugnance, n'est-ce pas, surtout après deux ou trois jours de diète ?

— Oh ! ma foi, non, reprit Aramis, j'eusse mieux aimé Blaisois, il y a moins longtemps que nous le connaissons.

On conçoit que pendant cet échange de plaisanteries, qui avaient pour but, surtout, d'écarter de l'esprit d'Athos la scène qui venait de se passer, à l'exception de Grimaud, qui savait qu'en tout cas le danger, quel qu'il fût, passerait au-dessus de sa tête, les valets ne fussent point tranquilles.

Aussi, Grimaud, sans prendre aucune part à la conversation, et muet, selon son habitude, s'escrimait-il de son mieux, un aviron de chaque main.

— Tu rames donc, toi ? lui dit Athos.

Grimaud fit signe que oui.

— Pourquoi rames-tu ?

— Pour avoir chaud.

En effet, tandis que les autres naufragés grelottaient de froid, le silencieux Grimaud suait à grosses gouttes.

Tout à coup Mousqueton poussa un cri de joie en élevant au-dessus de sa tête sa main armée d'une bouteille.

— Oh ! dit-il en passant la bouteille à Porthos, oh ! monsieur, nous sommes sauvés ! la barque est garnie de vivres.

Et, fouillant vivement sous le banc dont il avait déjà tiré le précieux spécimen, il amena successivement une douzaine de bouteilles pareilles, du pain et un morceau de bœuf salé...

Il est inutile de dire que cette trouvaille rendit la gaieté à tous, excepté à Athos.

— Mordieu ! dit Porthos, qui, on se le rappelle, avait déjà faim en mettant le pied sur la felouque, c'est étonnant comme les émotions creusent l'estomac !

Et il avala une bouteille d'un coup et mangea à lui seul un bon tiers du pain et du bœuf salé.

— Maintenant, dit Athos, dormez ou tâchez de dormir, messieurs ; moi, je veillerai.

Pour d'autres hommes que pour nos hardis aventuriers, une pareille proposition eût été dérisoire.

En effet, ils étaient mouillés jusqu'aux os, il faisait un vent glacial, et les émotions qu'ils venaient d'éprouver semblaient leur défendre de fermer l'œil.

Mais, pour ces natures d'élite, pour ces tempéraments de fer, pour ces corps brisés à toutes les fatigues, le sommeil, dans toutes les circonstances, arrivait à son heure sans jamais manquer à l'appel.

Aussi, au bout d'un instant, chacun, plein de confiance dans le pilote, se fut-il accoudé à sa façon, et eut-il essayé de profiter du conseil donné par Athos, qui, assis au gouvernail et les yeux fixés sur le ciel, où sans doute il cherchait non-seulement le chemin de la France, mais encore le visage de Dieu, demeura seul, comme il l'avait promis, pensif et éveillé, dirigeant la petite barque dans la voie qu'elle devait suivre.

Après quelques heures de sommeil, les voyageurs furent réveillés par Athos.

Les premières lueurs du jour venaient de blanchir la mer bleuâtre, et, à dix portées de mousquet à peu près vers l'avant, on apercevait une masse noire, au-dessus de laquelle se déployait une voile triangulaire fine et allongée comme l'aile d'une hirondelle.

— Une barque ! dirent d'une même voix les trois amis, tandis que les laquais, de leur côté, exprimaient aussi leur joie sur des tons différents.

C'était en effet une flûte dunkerquoise qui faisait voile vers Boulogne.

Les quatre maîtres, Blaisois et Mousqueton, unirent leurs

voix en un seul cri qui vibra sur la surface élastique des flots, tandis que Grimaud, sans rien dire, mettait son chapeau au bout de sa rame pour attirer les regards de ceux qu'allait frapper le son de la voix.

Un quart d'heure après, le canot de cette flûte les remorquait, ils mettaient le pied sur le pont du petit bâtiment.

Grimaud offrait vingt guinées au patron de la part de son maître, et, à neuf heures du matin, par un bon vent, nos Français mettaient le pied sur le sol de la patrie.

— Morbleu! qu'on est fort là-dessus! dit Porthos en enfonçant ses larges pieds dans le sable. Qu'on vienne me chercher noise maintenant, me regarder de travers ou me chatouiller, et l'on verra à qui l'on a affaire! Morbleu! je défierais tout un royaume!

— Et moi, dit d'Artagnan, je vous engage à ne pas faire sonner ce défi trop haut, Porthos, car il me semble qu'on nous regarde beaucoup, par ici.

— Pardieu! dit Porthos, on nous admire.

— Eh bien! moi, répondit d'Artagnan, je n'y mets point d'amour-propre, je vous jure, Porthos. Seulement, j'aperçois des hommes en robe noire, et, dans notre situation, les hommes en robe noire m'épouvantent, je l'avoue.

— Ce sont les greffiers des marchandises du port, dit Aramis.

— Sous l'autre cardinal, sous le grand, dit Athos, on eût plus fait attention à nous qu'aux marchandises. Mais sous celui-ci, tranquillisez-vous, amis, on fera plus attention aux marchandises qu'à nous.

— Je ne m'y fie pas, dit d'Artagnan, et je gagne les dunes.

— Pourquoi pas la ville? dit Porthos; j'aimerais mieux une bonne auberge que ces affreux déserts de sable que Dieu a créés pour les lapins seulement. D'ailleurs, j'ai faim, moi.

— Faites comme vous voudrez, Porthos, dit d'Artagnan; mais, quant à moi, je suis convaincu que ce qu'il y a de plus sûr pour des hommes dans notre situation, c'est la rase campagne.

Et d'Artagnan, certain de réunir la majorité, s'enfonça dans les dunes sans attendre la réponse de Porthos.

La petite troupe le suivit et disparut bientôt avec lui derrière les monticules de sable, non sans avoir attiré sur elle l'attention publique.

— Maintenant, dit Aramis quand on eut fait un quart de lieue à peu près, causons.

— Non pas, dit d'Artagnan, fuyons. Nous avons échappé à Cromwell, à Mordaunt, à la mer, trois abîmes qui voulaient nous dévorer; nous n'échapperons pas au sieur Mazarin.

— Vous avez raison, d'Artagnan, dit Aramis, et mon avis est que, pour plus de sécurité même, nous nous séparions.

— Oui, oui, Aramis, dit d'Artagnan, séparons-nous.

Porthos voulut parler pour s'opposer à cette résolution, mais d'Artagnan lui fit comprendre, en lui serrant la main, qu'il devait se taire.

Porthos était fort obéissant à ces signes de son compagnon, dont, avec sa bonhomie ordinaire, il reconnaissait la supériorité intellectuelle.

Il renfonça donc les paroles qui allaient sortir de sa bouche.

— Mais pourquoi nous séparer? dit Athos.

— Parce que, dit d'Artagnan, nous avons été envoyés à Cromwell par M. Mazarin, Porthos et moi, et, qu'au lieu de servir Cromwell, nous avons servi le roi Charles Ier, ce qui n'est pas du tout la même chose. En revenant avec MM. de la Fère et d'Herblay, notre crime est avéré; en revenant seuls, notre crime demeure à l'état de doute, et, avec le doute, on mène les hommes très-loin. Or, je veux faire voir du pays à M. de Mazarin, moi.

— Tiens, dit Porthos, c'est vrai.

— Vous oubliez, dit Athos, que nous sommes vos prisonniers, que nous ne nous regardons pas du tout comme dégagés de notre parole envers vous, et, qu'en nous ramenant prisonniers à Paris...

— En vérité, Athos, interrompit d'Artagnan, je suis fâché qu'un homme d'esprit comme vous dise toujours des pauvretés dont rougiraient des écoliers de troisième. Chevalier, continua d'Artagnan en s'adressant à Aramis, qui, campé fièrement sur son épée, semblait, quoiqu'il eût d'abord émis une opinion contraire, s'être, au premier mot, rallié à celle de son compagnon; chevalier, comprenez donc qu'ici comme toujours mon caractère défiant exagère. Porthos et moi ne risquons rien, au bout du compte. Mais si par hasard cependant on essayait de nous arrêter devant vous, eh bien! on n'arrêtera pas sept hommes comme on en arrête trois; les épées verraient le soleil, et l'affaire, mauvaise pour tout le monde, deviendrait une énormité qui nous perdrait tous quatre. D'ailleurs, si malheur arrive à deux de nous, ne vaut-il pas mieux que les deux autres soient en liberté pour tirer ceux-là d'affaire, pour ramper, miner, les délivrer enfin? Et puis, qui sait si nous n'obtiendrons pas, séparément, vous de la reine, nous de Mazarin, un pardon qu'on nous refuserait réunis. Allons, Athos et Aramis, tirez à droite; vous, Porthos, venez à gauche, avec moi; laissez ces messieurs filer sur la Normandie, et nous, par la route la plus courte, gagnons Paris.

— Mais, si l'on nous enlève en route, comment nous prévenir mutuellement de cette catastrophe? demanda Aramis.

— Rien de plus facile, répondit d'Artagnan, convenons d'un itinéraire dont nous ne nous écarterons pas. Gagnez Saint-Valéry, puis Dieppe, puis suivez la route droite de Dieppe à Paris; nous, nous allons prendre par Abbeville, Amiens, Péronne, Compiègne et Senlis, et, dans chaque auberge, dans chaque maison où nous nous arrêterons, nous écrirons sur la muraille avec la pointe du couteau, ou sur la vitre avec le tranchant d'un diamant, un renseignement qui puisse guider les recherches de ceux qui seraient libres.

— Ah! mon ami, dit Athos, comme j'admirerais les ressources de votre tête, si je ne m'arrêtais pas, pour les adorer, à celles de votre cœur!

Et il tendit la main à d'Artagnan.

— Est-ce que le renard a du génie, Athos? dit le Gascon avec un mouvement d'épaules; non, il sait croquer les poules, dépister les chasseurs et retrouver son chemin le jour comme la nuit, voilà tout. Eh bien! est-ce dit?

— C'est dit.

— Alors, partageons l'argent, reprit d'Artagnan; il doit rester environ deux cents pistoles. Combien reste-t-il, Grimaud?

— Cent quatre-vingts demi-louis, monsieur.

— C'est cela. Ah! vivat! voilà le soleil. Bonjour, ami so-

leil. Quelque tu ne sois pas le même que celui de la Gascogne, je te reconnais ou je fais semblant de te reconnai-
tre. Bonjour. Il y avait bien longtemps que je ne t'avais
vu.

— Allons, allons, d'Artagnan, dit Athos, ne faites pas
l'esprit fort, vous avez les larmes aux yeux. Soyons toujours
francs entre nous, cette franchise dût-elle laisser voir nos
bonnes qualités.

— Eh! mais, dit d'Artagnan, est-ce que vous croyez,
Athos, qu'on quitte de sang-froid et dans un moment qui
n'est pas sans danger deux amis comme vous et Aramis?

— Morbleu! qu'on est fort là-dessus! dit Porthos en enfonçant ses larges pieds dans le sable. — Page 55.

— Non, dit Athos, aussi venez dans mes bras, mon
fils!

— Mordieu! dit Porthos en sanglotant, je crois que je
pleure; comme c'est bête!

Et les quatre amis se jetèrent en un seul groupe dans les
bras les uns des autres.

Ces quatre hommes réunis par l'étreinte fraternelle n'eurent certes qu'une âme en ce moment.

Blaisois et Grimaud devaient suivre Athos et Aramis.

Mousqueton suffisait à Porthos et à d'Artagnan

On partagea, comme on avait toujours fait, l'argent avec
une fraternelle régularité.

Puis, après s'être individuellement serré la main et s'être mutuellement réitéré l'assurance d'une amitié éternelle, les quatre gentilshommes se séparèrent pour prendre chacun la route convenue, non sans se retourner, non sans se renvoyer encore d'affectueuses paroles que répétaient les échos de la dune...

Enfin, ils se perdirent de vue.

— Sacrebleu ! d'Artagnan, dit Porthos, il faut que je vous dise cela tout de suite, car je ne saurais jamais garder sur le cœur quelque chose contre vous. Je ne vous ai pas reconnu dans cette circonstance.

Enfin, ils se perdirent de vue.

— Pourquoi ? demanda d'Artagnan avec son fin sourire.

— Parce que si, comme vous le dites, Athos et Aramis courent un véritable danger, ce n'est pas le moment de les abandonner. Moi, je vous avoue que j'étais tout prêt à les suivre et que je le suis encore à les rejoindre, malgré tous les Mazarins de la terre.

— Vous auriez raison, Porthos, s'il en était ainsi, dit d'Artagnan : mais apprenez une toute petite chose, qui, cependant, toute petite qu'elle est, va changer le cours de vos idées : c'est que ce ne sont pas ces messieurs qui courent le plus grave danger, c'est nous; c'est ce n'est point pour les abandonner que nous les quittons, mais pour ne pas les compromettre.

— Vrai? dit Porthos en ouvrant de grands yeux étonnés.

— Eh! sans doute; qu'ils soient arrêtés, il y va pour eux de la Bastille tout simplement; que nous le soyons, nous, il y va de la place de Grève.

— Oh! oh! dit Porthos, il y a loin de là à cette couronne de baron que vous me promettiez, d'Artagnan.

— Bah! pas si loin que vous croyez peut-être, Porthos; vous connaissez le proverbe : Tout chemin mène à Rome.

— Mais pourquoi courons-nous des dangers plus grands que ceux que courent Athos et Aramis? demanda Porthos.

— Parce qu'ils n'ont fait, eux, que suivre la mission qu'ils avaient reçue de la reine Henriette, et que nous avons trahi, nous, celle que nous avons reçue de Mazarin : parce que, partis comme messagers à Cromwell, nous sommes devenus partisans du roi Charles; parce que, au lieu de concourir à faire tomber sa tête royale, condamnée par ces cuistres qu'on appelle MM. Mazarin, Cromwell, Joyce, Pridge, Fairfax, etc., etc., nous avons failli la sauver.

— C'est ma foi vrai, dit Porthos; mais comment voulez-vous, mon cher ami, qu'au milieu de ses grandes préoccupations le général Cromwell ait eu le temps de penser...

— Cromwell pense à tout, Cromwell a du temps pour tout; et, croyez-moi, cher ami, ne perdons pas le nôtre, il est précieux. Nous ne serons en sûreté qu'après avoir vu Mazarin, et encore...

— Diable! dit Porthos, et que lui dirons-nous, à Mazarin?

— Laissez-moi faire, j'ai mon plan; rira bien qui rira le dernier. M. Cromwell est bien fort, M. Mazarin est bien rusé, mais j'aime encore mieux faire de la diplomatie contre eux que contre feu M. Mordaunt.

— Tiens! dit Porthos, c'est agréable de dire feu *M. Mordaunt.*

— Ma foi oui! dit d'Artagnan, mais en route.

Et tous deux, sans perdre un instant, se dirigèrent à vue de pays vers la route de Paris, suivis de Mousqueton, qui, après avoir eu trop froid toute la nuit, avait déjà trop chaud au bout d'un quart d'heure

CHAPITRE VI.

RETOUR.

Athos et Aramis avaient pris l'itinéraire que leur avait indiqué d'Artagnan et avaient cheminé aussi vite qu'ils avaient pu.

Il leur semblait qu'il serait plus avantageux pour eux d'être arrêtés près de Paris que loin.

Tous les soirs, dans la crainte d'être surpris pendant la nuit, ils traçaient, soit sur la muraille, soit sur les vitres, le signe de reconnaissance convenu.

Mais tous les matins ils se réveillaient libres, à leur grand étonnement.

A mesure qu'ils avançaient vers Paris, les grands événements auxquels ils avaient assisté et qui venaient de bouleverser l'Angleterre s'évanouissaient comme des songes, tandis qu'au contraire ceux qui pendant leur absence avaient remué Paris et la province venaient au-devant d'eux.

Pendant ces six semaines d'absence, il s'était passé en France tant de petites choses, qu'elles avaient presque composé un grand événement.

Les Parisiens, en se réveillant le matin sans reine et sans roi, furent fort tourmentés de cet abandon, et l'absence de Mazarin, si vivement désirée, ne compensa point celle des deux augustes fugitifs.

Le premier sentiment qui remua Paris lorsqu'il apprit la fuite à Saint-Germain, fuite à laquelle nous avons fait assister nos lecteurs, fut donc cette espèce d'effroi qui saisit les enfants lorsqu'ils se réveillent dans la nuit ou dans la solitude.

Le parlement s'émut, et il fut décidé qu'une députation irait trouver la reine pour la prier de ne pas plus longtemps priver Paris de sa royale présence.

Mais la reine était encore sous la double impression du triomphe de Lens et de l'orgueil de sa fuite, si heureusement exécutée.

Les députés non-seulement n'eurent pas l'honneur d'être reçus par elle, mais encore on les fit attendre sur le grand chemin, où le chancelier, ce même chancelier Séguier que nous avons vu, dans la première partie de cet ouvrage, poursuivre si obstinément une lettre jusque dans le corset de la reine, vint leur remettre l'ultimatum de la cour, portant que, si le parlement ne s'humiliait pas devant la majesté royale en passant condamnation sur toutes les questions qui avaient amené la querelle qui les divisait, Paris serait assiégé le lendemain; que même déjà, dans la prévision de ce siège, le duc d'Orléans occupait le pont de Saint-Cloud, et que M. le prince, tout resplendissant encore de sa victoire de Lens, tenait Charenton et Saint-Denis.

Malheureusement pour la cour, à qui une réponse modérée eût rendu peut-être bon nombre de partisans, cette réponse menaçante produisit un effet contraire à celui qui était attendu.

Elle blessa l'orgueil du parlement, qui, se sentant vigoureusement appuyé par la bourgeoisie, à qui la grâce de Broussel avait donné la mesure de sa force, répondit à ces lettres patentes en déclarant que le cardinal Mazarin étant notoirement l'auteur de tous les désordres, il le proclamait ennemi

du roi et de l'Etat, et lui ordonnait de se retirer de la cour le jour même et de la France sous huit jours, et, après ce délai expiré, s'il n'obéissait pas, enjoignait à tous les sujets du roi de lui courir sus.

Cette réponse énergique, à laquelle la cour avait été loin de s'attendre, mettait à la fois Paris et Mazarin hors la loi.

Restait à savoir seulement qui l'emporterait du parlement ou de la cour.

La cour fit alors ses préparatifs d'attaque, et Paris ses préparatifs de défense.

Les bourgeois étaient donc occupés à l'œuvre ordinaire des bourgeois en temps d'émeute, c'est-à-dire à tendre des chaînes et à dépaver les rues, lorsqu'ils virent arriver à leur aide, conduits par le coadjuteur, M. le prince de Conti, frère de M. le prince de Condé, et M. le duc de Longueville, son beau-frère.

Dès lors ils furent rassurés, car ils avaient pour eux deux princes du sang, et, de plus, l'avantage du nombre.

C'était le 10 de janvier que ce secours inespéré était venu aux Parisiens.

Après une discussion orageuse, M. le prince de Conti fut nommé généralissime des armées du roi hors Paris, avec MM. les ducs d'Elbeuf et de Bouillon et le maréchal de la Mothe pour lieutenants généraux.

Le duc de Longueville, sans charge et sans titre, se contentait de l'emploi d'assister son beau-frère.

Quant à M. de Beaufort, il était arrivé, lui, du Vendômois, apportant, dit la chronique, sa haute mine, de beaux et longs cheveux, et cette popularité qui lui valut la royauté des halles.

L'armée parisienne s'était alors organisée avec cette promptitude que les bourgeois mettent à se déguiser en soldats lorsqu'ils sont poussés à cette transformation par un sentiment quelconque.

Le 19, l'armée improvisée avait tenté une sortie, plutôt pour s'assurer et assurer les autres de sa propre existence que pour tenter quelque chose de sérieux, faisant flotter au-dessus de sa tête un drapeau sur lequel on lisait cette singulière devise:

Nous cherchons notre roi.

Les jours suivants furent occupés à quelques petites opérations partielles, qui n'eurent d'autre résultat que l'enlèvement de quelques troupeaux et l'incendie de deux ou trois maisons.

On gagna ainsi les premiers jours de février, et c'était le 1er de ce mois que nos quatre compagnons avaient abordé à Boulogne et avaient pris leur course vers Paris, chacun de son côté.

Vers la fin du quatrième jour de marche, ils évitaient Nanterre avec précaution, afin de ne pas tomber dans quelque parti de la reine.

C'était bien à contre-cœur qu'Athos prenait toutes ces précautions, mais Aramis lui avait très-judicieusement fait observer qu'ils n'avaient pas le droit d'être imprudents, qu'ils étaient chargés de la part du roi Charles d'une mission suprême et sacrée, et que cette mission, reçue au pied de l'échafaud, ne s'achèverait qu'aux pieds de la reine.

Athos céda donc.

Aux faubourgs, nos voyageurs trouvèrent bonne garde:

Tout Paris était armé.

La sentinelle refusa de laisser passer les deux gentils-hommes, et appela son sergent.

Le sergent sortit aussitôt, et, prenant toute l'importance

qu'ont l'habitude de prendre les bourgeois lorsqu'ils ont le bonheur d'être revêtus d'une dignité militaire :

— Qui êtes-vous, messieurs? demanda-t-il.

— Deux gentilshommes, répondit Athos

J.A. REAUCE   PISAN

La sentinelle refusa de laisser passer les deux gentilshommes, et appela son sergent.

— D'où venez-vous ?

— De Londres.

— Que venez-vous faire à Paris?

— Accomplir une mission près de Sa Majesté la reine d'Angleterre.

— Ah çà ! tout le monde va donc aujourd'hui chez la reine d'Angleterre? répliqua le sergent. Nous avons déjà au poste trois gentilshommes dont on visite les passes et qui vont chez Sa Majesté. Où sont les vôtres?

— Nous n'en avons point.

— Comment ! vous n'en avez point?

— Non; nous arrivons d'Angleterre, comme nous vous l'avons dit; nous ignorons complétement où en sont les affaires politiques, ayant quitté Paris avant le départ du roi.

— Ah! dit le sergent d'un air fin, vous êtes des maza-

rins qui voudriez bien entrer chez nous pour nous espionner!

— Mon cher ami, dit Athos, qui avait jusque-là laissé à Aramis le soin de répondre, si nous étions des mazarins, nous aurions au contraire toutes les passes possibles. Dans

Ce corps de garde était entièrement occupé par des bourgeois et des gens du peuple.

la situation où vous êtes, défiez-vous, avant tout, croyez-moi, de ceux qui sont parfaitement en règle.

— Entrez au corps de garde, dit le sergent, vous exposerez vos raisons au chef du poste.

Il fit un signe à la sentinelle.

Elle se rangea.

Le sergent passa le premier, et les deux gentilshommes le suivirent au corps de garde.

Ce corps de garde était entièrement occupé par des bourgeois et des gens du peuple.

Les uns jouaient, les autres buvaient, les autres pérораient.

Dans un coin, et presque gardés à vue, étaient les trois gentilshommes arrivés les premiers, et dont l'officier visitait les passes.

Cet officier était dans la chambre voisine, l'importance de son grade lui concédant l'honneur d'un logement particulier.

Le premier mouvement des nouveaux venus et des premiers arrivés fut, des deux extrémités du corps de garde, de jeter un regard rapide et investigateur les uns sur les autres.

Les premiers venus étaient couverts de longs manteaux dans les plis desquels ils étaient soigneusement enveloppés.

L'un d'eux, moins grand que ses compagnons, se tenait en arrière dans l'ombre.

A l'annonce que fit en entrant le sergent que, selon toute probabilité, il amenait deux mazarins, les trois gentilshommes dressèrent l'oreille et prêtèrent attention.

Le plus petit des trois, qui avait fait deux pas en avant, en fit un en arrière et se retrouva dans l'ombre.

Sur l'annonce que les nouveaux venus n'avaient point de passes, l'avis unanime du corps de garde parut être qu'ils n'entreraient pas.

— Si fait, messieurs, dit Athos, il est probable au contraire que nous entrerons, car nous paraissons avoir affaire à des gens raisonnables. Or, il y aura un parti bien simple à prendre, ce sera de faire passer nos noms à Sa Majesté la reine d'Angleterre, et, si elle répond de nous, j'espère que vous ne verrez plus aucun inconvénient à nous laisser le passage libre.

A ces mots, l'attention du gentilhomme caché dans l'ombre redoubla, et fut même accompagnée d'un mouvement de surprise tel, que son chapeau, repoussé par le manteau dont il s'enveloppait plus soigneusement encore qu'auparavant, tomba.

Il se baissa et le ramassa vivement.

— Oh! mon Dieu! dit Aramis poussant Athos du coude, avez-vous vu?

— Quoi? demanda Athos.

— La figure du plus petit des trois gentilshommes?

— Non.

— C'est qu'il m'a semblé... mais c'est chose impossible...

En ce moment, le sergent, qui était allé dans la chambre particulière prendre les ordres de l'officier du poste, sortit, et désignant les trois gentilshommes, auxquels il remit un papier:

— Les passes sont en règle, dit-il. Laissez passer ces trois messieurs.

Les trois gentilshommes firent un signe de tête et s'empressèrent de profiter de la permission et du chemin qui, sur l'ordre du sergent, s'ouvrait devant eux.

Aramis les suivit des yeux, et, au moment où le plus petit passait devant lui, il serra vivement la main d'Athos.

— Qu'avez-vous donc, mon cher? demanda celui-ci

— J'ai... c'est une vision, sans doute.

Puis s'adressant au sergent:

— Dites-moi, monsieur, ajouta-t-il, connaissez-vous les trois gentilshommes qui viennent de sortir d'ici?

— Je les connais d'après leur passe: ce sont MM. de Flamarens, de Châtillon et de Bruy, trois gentilshommes frondeurs qui vont rejoindre M. le duc de Longueville.

— C'est étrange, dit Aramis répondant à sa propre pensée plutôt qu'au sergent, j'avais cru reconnaître le Mazarin lui-même.

Le sergent éclata de rire.

— Lui, dit-il, se hasarder ainsi chez nous, pour être pendu! pas si bête!

— Ah! murmura Aramis, je puis bien m'être trompé, je n'ai pas l'œil infaillible de d'Artagnan.

— Qui parle ici de d'Artagnan? demanda l'officier, qui en ce moment même apparaissait sur le seuil de sa chambre.

— Oh! fit Grimaud en écarquillant les yeux.

— Quoi? demandèrent à la fois Aramis et Athos.

— Planchet! reprit Grimaud; Planchet avec le haussecol!

— MM. de la Fère et d'Herblay! s'écria l'officier, de retour à Paris! Oh! quelle joie pour moi, messieurs! car sans doute vous venez vous joindre à MM. les princes.

— Comme tu vois, mon cher Planchet, dit Aramis, tandis qu'Athos souriait en voyant le grade important qu'occupait dans la milice bourgeoise l'ancien camarade de Mousqueton, de Bazin et de Grimaud.

— Et M. d'Artagnan, dont vous parliez tout à l'heure, monsieur d'Herblay, oserai-je vous demander si vous avez de ses nouvelles?

— Nous l'avons quitté il y a quatre jours, mon cher ami, et tout nous portait à croire qu'il nous avait précédés à Paris.

— Non, monsieur; j'ai la certitude qu'il n'est point rentré dans la capitale; après cela, peut-être est-il resté à Saint-Germain.

— Je ne crois pas, nous avons rendez-vous à la Chevrette.

— J'y suis passé aujourd'hui même.

— Et la belle Madeleine n'avait pas de ses nouvelles? demanda Aramis en souriant.

— Non, monsieur; je ne vous cacherai même point qu'elle paraissait fort inquiète.

— Au fait, dit Aramis, il n'y a point encore de temps perdu, et nous avons fait grande diligence. Permettez donc, mon cher Athos, sans que je m'informe davantage de notre ami, que je fasse mes compliments à M. Planchet.

— Ah! monsieur le chevalier! dit Planchet en s'inclinant.

— Lieutenant! dit Aramis.

— Lieutenant, et promesse pour être capitaine.

— C'est fort beau, dit Aramis; et comment tous ces honneurs sont-ils venus à vous?

— D'abord vous savez, messieurs, que c'est moi qui ai fait sauver M. de Rochefort?

— Oui, pardieu! il nous a conté cela.

— J'ai à cette occasion failli être pendu par le Mazarin, ce qui m'a rendu naturellement plus populaire encore que je n'étais.

— Et grâce à cette popularité...

— Non, grâce à quelque chose de mieux. Vous savez d'ailleurs, messieurs, que j'ai servi dans le régiment de Piémont, où j'avais l'honneur d'être sergent.

— Oui.

— Eh bien! un jour que personne ne pouvait mettre en rang une foule de bourgeois armés qui partaient les uns du pied gauche et les autres du pied droit, je suis parvenu, moi, à les faire partir tous du même pied, et l'on m'a fait lieutenant sur le champ de... manœuvre.

— Voilà l'explication, dit Aramis.

— De sorte, dit Athos, que vous avez une foule de noblesse avec vous?

— Certes. Nous avons d'abord, comme vous le savez sans doute, M. le prince de Conti, M. le duc de Longueville, M. le duc de Beaufort, M. le duc d'Elbeuf, le duc de Bouillon, le duc de Chevreuse, M. de Brissac, le maréchal de la Mothe, M. de Luynes, le marquis de Vuitry, le prince de Marsillac, le marquis de Noirmoutier, le comte de Fiesques, le marquis de Laigues, le comte de Montrésor, le marquis de Sévigné, que sais-je encore, moi!

— Et M. Raoul de Bragelonne? demanda Athos d'une voix émue; d'Artagnan m'a dit qu'il vous l'avait recommandé en partant, mon bon Planchet.

— Oui, monsieur le comte, comme si c'était son propre fils, et je dois dire que je ne l'ai pas perdu de vue un seul instant.

— Alors, reprit Athos d'une voix altérée par la joie, il se porte bien? aucun accident ne lui est arrivé?

— Aucun, monsieur.

— Et il demeure?

— Au Grand-Charlemagne, toujours

— Il passe ses journées?...

— Tantôt chez la reine d'Angleterre, tantôt chez madame de Chevreuse. Lui et le comte de Guiche ne se quittent point.

— Merci, Planchet, merci! dit Athos en lui tendant la main.

— Oh! monsieur le comte, fit Planchet en touchant cette main du bout des doigts...

— Eh bien! que faites-vous donc, comte? à un ancien laquais!

— Ami, dit Athos, il me donne des nouvelles de Raoul.

— Et maintenant, messieurs, demanda Planchet, qui n'avait point entendu l'observation d'Aramis, que comptez-vous faire?

— Rentrer dans Paris, si toutefois vous nous en donnez la permission, mon cher monsieur Planchet, dit Athos.

— Comment! si je vous en donnerai la permission! Vous vous moquez de moi, monsieur le comte; je ne suis pas autre chose que votre serviteur.

Et il s'inclina...

Puis, se retournant vers ses hommes

— Laissez passer ces messieurs, dit-il, je les connais, ce sont des amis de M. de Beaufort.

— Vive M. de Beaufort! cria tout le poste d'une seule voix en ouvrant un chemin à Athos et à Aramis.

Le sergent seul s'approcha de Planchet

— Quoi! sans passe-port? murmura-t-il.

— Sans passe-port, dit Planchet.

— Faites attention, capitaine, continua-t-il en donnant d'avance à Planchet le titre qui lui était promis, faites attention qu'un des trois hommes qui sont sortis tout à l'heure m'a dit tout bas de me défier de ces messieurs.

— Et moi, dit Planchet avec majesté, je les connais et j'en réponds.

Cela dit, il serra la main de Grimaud, qui parut fort honoré de cette distinction.

— Au revoir donc, capitaine, reprit Aramis de son ton goguenard; s'il nous arrivait quelque chose, nous nous réclamerions de vous.

— Monsieur, dit Planchet, en cela comme en toutes choses, je suis bien votre valet.

— Le drôle a de l'esprit, et beaucoup, dit Aramis en montant à cheval.

— Eh! comment n'en aurait-il pas, dit Athos en se mettant en selle à son tour, après avoir si longtemps brossé les chapeaux de son maître?

CHAPITRE VII.

LES AMBASSADEURS.

Les deux amis se mirent aussitôt en route, descendant la pente rapide du faubourg.

Mais, arrivés au bas de cette pente, ils virent avec grand étonnement que les rues de Paris étaient changées en rivières, et les places en lacs.

A la suite de grandes pluies qui avaient eu lieu pendant le mois de janvier, la Seine avait débordé, et la rivière avait fini par envahir la moitié de la capitale.

Athos et Aramis entrèrent bravement dans cette inondation avec leurs chevaux.

J.A. BEAUCE.   POUGET.

Athos et Aramis entrèrent bravement dans cette inondation avec leurs chevaux.

Mais bientôt les pauvres animaux en eurent jusqu'au poitrail, et il fallut que les deux gentilshommes se décidassent à les quitter et à prendre une barque, ce qu'ils firent après avoir recommandé aux laquais d'aller les attendre aux halles.

Ce fut donc en bateau qu'ils abordèrent le Louvre.

Il était nuit close, et Paris, vu ainsi à la lueur de quelques falots tremblotants parmi tous ces étangs, avec ces barques chargées de patrouilles aux armes étincelantes, avec tous ces cris de veille échangés la nuit entre les postes, Paris présentait un aspect dont fut ébloui Aramis, l'homme le plus accessible aux sentiments belliqueux qu'il fût possible de rencontrer.

On arriva chez la reine d'Angleterre, mais force fut de faire antichambre.

Sa Majesté donnait en ce moment même audience à des gentilshommes qui apportaient des nouvelles de Londres.

— Et nous aussi, dit Athos au serviteur qui lui faisait cette réponse, nous aussi, non-seulement nous apportons des nouvelles de Londres, mais encore nous en arrivons.

M. de Châtillon.

— Comment donc vous nommez-vous, messieurs? demanda le serviteur.

— M. le comte de la Fère et M. le chevalier d'Herblay, dit Aramis.

— Ah! en ce cas, messieurs, dit le serviteur en entendant ces noms que tant de fois la reine avait prononcés dans

son espoir, en ce cas, c'est autre chose, et je crois que Sa Majesté ne me pardonnerait pas de vous avoir fait attendre un seul instant. Suivez-moi donc, je vous prie.

Et il marcha devant, suivi d'Athos et d'Aramis.

Arrivés à la chambre où se tenait la reine, il leur fit signe d'attendre, et ouvrant la porte :

— Madame, dit-il, j'espère que Votre Majesté me pardonnera d'avoir désobéi à ses ordres, quand elle saura que ceux que je viens lui annoncer sont MM. le comte de la Fère et le chevalier d'Herblay.

A ces deux noms, la reine poussa un cri de joie que les deux gentilshommes entendirent de l'endroit où ils s'étaient arrêtés.

— Pauvre reine! murmura Athos

— Oh! qu'ils entrent! qu'ils entrent! s'écria à son tour la jeune princesse en s'élançant vers la porte.

La pauvre enfant ne quittait point sa mère et essayait de lui faire oublier par ses soins filiaux l'absence de ses deux frères et de sa sœur

— Entrez, entrez, messieurs, dit-elle en ouvrant elle-même la porte.

Athos et Aramis se présentèrent.

La reine était assise dans un fauteuil, et devant elle se tenaient debout deux des trois gentilshommes qu'ils avaient rencontrés dans le corps de garde.

C'étaient MM. de Flamarens et Gaspard de Coligny, duc de Châtillon, frère de celui qui avait été tué sept ou huit ans auparavant dans un duel sur la place Royale, duel qui avait eu lieu à propos de madame de Longueville.

A l'annonce des deux amis, ils reculèrent d'un pas et échangèrent avec inquiétude quelques paroles à voix basse.

— Eh bien! messieurs! s'écria la reine d'Angleterre en apercevant Athos et Aramis. Vous voilà enfin, amis fidèles, mais les courriers de l'État vont encore plus vite que vous. La cour a été instruite des affaires de Londres au moment où vous touchiez les portes de Paris, et voilà MM. de Flamarens et de Châtillon qui m'apportent, de la part de Sa Majesté la reine Anne d'Autriche, les plus récentes informations.

Aramis et Athos se regardèrent; cette tranquillité, cette joie même qui brillait dans les regards de la reine, les comblaient de stupéfaction.

— Veuillez continuer, dit-elle en s'adressant à MM. de Flamarens et de Châtillon, vous disiez donc que Sa Majesté Charles Ier, mon auguste maître, avait été condamné à mort malgré le vœu de la majorité des sujets anglais.

— Oui, madame, balbutia Châtillon.

Athos et Aramis se regardaient de plus en plus étonnés.

— Et que, conduit à l'échafaud, continua la reine, à l'échafaud! ô mon seigneur! ô mon roi!... et que, conduit à l'échafaud, il avait été sauvé par le peuple indigné.

— Oui, madame, répondit Châtillon d'une voix si basse, que ce fut à peine si les deux gentilshommes, cependant fort attentifs, purent entendre cette affirmation.

La reine joignit les mains avec une généreuse reconnaissance, tandis que sa fille passait un bras autour du cou de sa mère et l'embrassait les yeux baignés de larmes de joie.

— Maintenant, il ne nous reste plus qu'à présenter à Votre Majesté nos humbles respects, dit Châtillon, à qui ce rôle semblait peser et qui rougissait à vue d'œil sous le regard fixe et perçant d'Athos.

— Un moment encore, messieurs, dit la reine en les retenant d'un signe. Un moment, de grâce! car voici MM. de la Fère et d'Herblay qui, ainsi que vous avez pu l'entendre, arrivent de Londres, et qui vous donneront peut-être, comme témoins oculaires, des détails que vous ne connaissez pas. Vous porterez ces détails à la reine, ma bonne sœur. Parlez, messieurs; parlez, je vous écoute. Ne me cachez rien; ne ménagez rien. Dès que Sa Majesté vit encore et que l'honneur royal est sauf, tout le reste m'est indifférent.

Athos pâlit et appuya une main sur son cœur.

— Eh bien! dit la reine, qui vit ce mouvement et cette pâleur; parlez donc, monsieur, puisque je vous en prie.

— Pardon, madame, dit Athos; mais je ne veux rien ajouter au récit de ces messieurs avant qu'ils aient reconnu eux-mêmes que peut-être ils se sont trompés.

— Trompés! s'écria la reine presque suffoquée; trompés!... Qu'y a-t-il donc, ô mon Dieu?

— Messieurs, dit M. de Flamarens à Athos, si nous nous sommes trompés, c'est de la part de la reine que vient l'erreur, et vous n'avez pas, je suppose, la prétention de la rectifier, car ce serait donner un démenti à Sa Majesté.

— De la reine, monsieur? reprit Athos de sa voix calme et vibrante.

— Oui, murmura Flamarens en baissant les yeux.

Athos soupira tristement.

— Ne serait-ce pas plutôt de la part de celui qui vous accompagnait et que nous avons vu avec vous au corps de garde de la barrière du Roule, que viendrait cette erreur? dit Aramis avec sa politesse insultante. Car, si nous ne nous sommes trompés, le comte de la Fère et moi, vous étiez trois en entrant dans Paris.

Châtillon et Flamarens tressaillirent.

— Mais expliquez-vous, comte! s'écria la reine, dont l'angoisse croissait de moment en moment; sur votre front je lis le désespoir, votre bouche hésite à m'annoncer quelque nouvelle terrible, vos mains tremblent... Oh! mon Dieu! mon Dieu! qu'est-il donc arrivé?

— Seigneur! dit la jeune princesse en tombant à genoux près de sa mère, ayez pitié de nous!

— Monsieur, dit Châtillon, si vous portez une nouvelle funeste, vous agissez en homme cruel lorsque vous annoncez cette nouvelle à la reine.

Aramis s'approcha de Châtillon presque à le toucher.

— Monsieur, lui dit-il les lèvres pincées et le regard étincelant, vous n'avez pas, je le suppose, la prétention d'apprendre à M. le comte de la Fère et à moi ce que nous avons à dire ici.

Pendant cette courte altercation, Athos, toujours la main sur son cœur et la tête inclinée, s'était approché de la reine, et d'une voix émue:

— Madame, lui dit-il, les princes, qui, par leur nature, sont au-dessus des autres hommes, ont reçu du ciel un cœur fait pour supporter de plus grandes infortunes que celles du vulgaire; car leur cœur participe de leur supériorité. On ne doit donc pas, ce me semble, en agir avec une grande reine comme Votre Majesté de la même façon qu'avec une femme de notre état. Reine, destinée à tous les martyres sur cette terre, voici le résultat de la mission dont vous nous avez honorés.

Et Athos, s'agenouillant devant la reine palpitante et glacée, tira de son sein, enfermés dans la même boîte, l'ordre en diamant qu'avant son départ la reine avait remis à lord de Winter, et l'anneau nuptial qu'avant sa mort Charles avait remis à Aramis.

Depuis qu'il les avait reçus, ces deux objets n'avaient point quitté Athos.

Il ouvrit la boîte et les tendit à la reine avec une muette et profonde douleur.

La reine avança la main, saisit l'anneau, le porta convulsivement à ses lèvres, et, sans pouvoir pousser un soupir, sans pouvoir articuler un sanglot, elle étendit les bras, pâlit et tomba sans connaissance dans ceux de ses femmes et de sa fille.

Athos baisa le bas de la robe de la malheureuse veuve, et se relevant avec une majesté qui fit sur les assistants une impression profonde :

— Moi, comte de la Fère, dit-il, gentilhomme qui n'ai jamais menti, je jure devant Dieu d'abord, et ensuite devant cette pauvre reine, que tout ce qu'il était possible de faire pour sauver le roi, nous l'avons fait sur le sol d'Angleterre... Maintenant, chevalier, ajouta-t-il en se tournant vers d'Herblay, partons, notre devoir est accompli.

— Pas encore, dit Aramis ; il nous reste un mot à dire à ces messieurs.

Et se retournant vers Châtillon .

— Monsieur, lui dit-il, ne vous plairait-il pas de sortir, ne fût-ce qu'un instant, pour entendre ce mot que je ne puis dire devant la reine ?

Châtillon s'inclina sans répondre en signe d'assentiment.

Athos et Aramis passèrent les premiers, Châtillon et Flamarens les suivirent.

Ils traversèrent sans mot dire le vestibule ; puis, arrivés à une terrasse de plain-pied avec une fenêtre, Aramis prit le chemin de cette terrasse, tout à fait solitaire.

Mais, à la fenêtre, il s'arrêta, et se retournant vers le duc de Châtillon :

— Monsieur, lui dit-il, vous vous êtes permis tout à l'heure, ce me semble, de nous traiter bien cavalièrement Cela n'était point convenable en aucun cas, moins encore de la part de gens qui venaient apporter à la reine le message d'un menteur.

— Monsieur ! s'écria Châtillon

— Qu'avez-vous donc fait de M. de Bruy ? demanda ironiquement Aramis. Ne serait-il point par hasard allé changer de figure, qui ressemble trop à celle de M. de Mazarin ? On dit qu'il y a au Palais-Royal bon nombre de masques italiens de rechange, depuis celui d'Arlequin jusqu'à celui de Pantalon.

— Mais, vous nous provoquez, je crois ? dit Flamarens.

— Ah ! vous ne faites que le croire, messieurs ?

— Chevalier !.chevalier ! dit Athos

— Eh ! laissez-moi donc faire, dit Aramis avec humeur, vous savez bien que je n'aime pas les choses qui restent en chemin

— Achevez donc, monsieur, dit Châtillon avec une hauteur qui ne le cédait en rien à celle d'Aramis

Aramis s'inclina.

— Messieurs, dit-il, un autre que moi ou M. le comte de la Fère vous ferait arrêter, car nous avons quelques amis à Paris ; mais nous vous offrons un moyen de partir sans être inquiétés. Venez causer cinq minutes l'épée à la main avec nous sur cette terrasse abandonnée.

— Volontiers, dit Châtillon.

— Un moment, messieurs ! s'écria Flamarens. Je sais bien que la proposition est tentante, mais à cette heure il nous est impossible de l'accepter.

— Et pourquoi cela ? dit Aramis de son ton goguenard, est-ce donc le voisinage de Mazarin qui vous rend si prudents ?

— Oh ! vous entendez, Flamarens ? dit Châtillon ; ne pas répondre serait une tache à mon nom et à mon honneur.

— C'est mon avis, dit froidement Aramis.

— Vous ne répondrez pas, cependant, et ces messieurs tout à l'heure seront, j'en suis sûr, de mon avis.

Aramis secoua la tête avec un geste d'incroyable insolence.

Châtillon vit ce geste et porta la main à son épée.

— Duc, dit Flamarens, vous oubliez que demain vous commandez une expédition de la plus haute importance, e que, désigné par M. le Prince, agréé par la reine, jusqu'à demain soir vous ne vous appartenez pas.

— Soit ! A après-demain matin donc, dit Aramis.

— A après-demain matin, dit Châtillon, c'est bien long messieurs.

— Ce n'est pas moi, dit Aramis, qui fixe ce terme et qu. demande ce délai, d'autant plus, ce me semble, ajouta-t-il, qu'on pourrait se retrouver à cette expédition.

— Oui, monsieur, vous avez raison, s'écria Châtillon, et avec grand plaisir si vous voulez prendre la peine de venir jusqu'aux portes de Charenton.

— Comment donc, monsieur, pour avoir l'honneur de vous rencontrer, j'irais au bout du monde, à plus forte raison ferai-je dans ce but une ou deux lieues

— Eh bien ! à demain, monsieur.

— J'y compte. Allez-vous-en donc rejoindre votre cardinal. Mais auparavant, jurez sur l'honneur que vous ne le préviendrez pas de notre retour.

— Des conditions ?

— Pourquoi pas ? dit Aramis.

— Parce que c'est aux vainqueurs à en faire, et que vous ne l'êtes pas, messieurs.

— Alors, dégainons sur-le-champ. Cela nous est égal, à nous qui ne commandons pas l'expédition de demain.

Châtillon et Flamarens se regardèrent.

Il y avait tant d'ironie dans la parole et dans le geste d'Aramis, que Châtillon surtout avait grand'peine à tenir en bride sa colère.

Mais, sur un mot de Flamarens, il se contint.

— Eh bien ! soit, dit-il, notre compagnon, quel qu'il soit,

ne saura rien de ce qui s'est passé. Mais vous me promettez bien, monsieur, de vous trouver demain à Charenton, n'est-ce pas?

— Ah! dit Aramis, soyez tranquilles, messieurs.

Les quatre gentilshommes se saluèrent.

Mais, cette fois, ce furent Châtillon et Flamarens qui sortirent du Louvre les premiers, et Athos et Aramis qui les suivirent.

J A .BEAUCE .　　　　　　　　　　　　PISAN.

M. de Flamarens.

— A qui donc en avez-vous avec toute cette fureur, Aramis? demanda Athos.

— Eh! parbleu! j'en ai à ceux à qui je m'en suis pris.

— Que vous ont-ils donc fait?

— Ils m'ont fait... Vous n'avez donc pas vu?

— Non.

— Ils ont ricané quand nous avons juré que nous avions fait notre devoir en Angleterre. Or, ils l'ont cru ou ne l'ont pas cru. S'ils l'ont cru, c'était pour nous insulter qu'ils ricanaient; s'ils ne l'ont pas cru, ils nous insultaient encore, et il est urgent de leur prouver que nous sommes bons à quelque chose. Au reste, je ne suis pas fâché qu'ils aient remis la chose à demain : je crois que nous avons ce soir quelque chose de mieux à faire que de tirer l'épée

— Qu'avons-nous à faire ?

— Eh ! pardieu ! nous avons à faire prendre le Mazarin.

Athos allongea dédaigneusement les lèvres.

— Ces expéditions ne me vont pas, vous le savez, Aramis.

— Pourquoi cela ?

Tous deux avaient repris le bateau qui les avait amenés et s'étaient fait conduire aux halles. — PAGE 50.

— Parce qu'elles ressemblent à des surprises.

— En vérité, Athos, vous seriez un singulier général d'armée ; vous ne vous battriez qu'au grand jour ; vous feriez prévenir votre adversaire de l'heure à laquelle vous l'attaqueriez, et vous vous garderiez bien de rien tenter la nuit contre lui, de peur qu'il ne vous accusât d'avoir profité de l'obscurité.

Athos sourit.

— Vous savez qu'on ne peut pas changer sa nature, dit-il ; d'ailleurs, savez-vous où nous en sommes, et si l'arrestation du Mazarin ne serait pas plutôt un mal qu'un bien, un embarras qu'un triomphe ?

— Dites, Athos, que vous désapprouvez ma proposition.

5   7

— Non pas; je crois au contraire qu'elle est de bonne guerre. Cependant...

— Cependant, quoi?

— Je crois que vous n'auriez pas dû faire jurer à ces messieurs de ne rien dire au Mazarin; car, en leur faisant jurer cela, vous avez presque pris l'engagement de ne rien faire.

— Je n'ai pris aucun engagement, je vous jure; je me regarde donc comme parfaitement libre. Allons, allons! Athos, allons!

— Où?

— Chez M. de Beaufort ou chez M. de Bouillon, nous leur dirons ce qui en est.

— Oui, mais à une condition : c'est que nous commencerons par le coadjuteur. C'est un prêtre, il est savant sur le cas de conscience et nous lui poserons le nôtre.

— Ah! dit Aramis, il va tout gâter, tout s'approprier; finissons par lui au lieu de commencer

Athos sourit.

On voyait qu'il avait au fond du cœur une pensée qu'il ne disait pas.

— Eh bien! soit, dit-il; par lequel commençons-nous?

— Par M. de Bouillon, si vous voulez bien; c'est celui qui se présente le premier sur notre chemin.

— Maintenant, vous me permettrez une chose, n'est-ce pas?

— Laquelle?

— C'est que je passe par l'hôtel du Grand-Empereur Charlemagne pour embrasser Raoul.

— Comment donc! j'y vais avec vous, nous l'embrasserons ensemble.

Tous deux avaient repris le bateau qui les avait amenés et s'étaient fait conduire aux halles.

Ils y retrouvèrent Grimaud et Blaisois, qui leur tenaient leurs chevaux, et tous quatre s'acheminèrent vers la rue Guénégaud.

Mais Raoul n'était point à l'hôtel du Grand-Charlemagne; il avait reçu dans la journée un message de M. le Prince, et était parti avec Olivain aussitôt après l'avoir reçu.

CHAPITRE VIII.

LES TROIS LIEUTENANTS DU GÉNÉRALISSIME.

Selon qu'il avait été convenu et dans l'ordre arrêté entre eux, Athos et Aramis, en sortant de l'auberge du Grand-Empereur Charlemagne, s'acheminèrent vers l'hôtel de M. le duc de Bouillon.

La nuit était noire, et, quoique s'avançant vers les heures silencieuses et solitaires, elle continuait de retentir de ces mille bruits qui réveillent en sursaut une ville assiégée.

A chaque pas on rencontrait des barricades, à chaque détour des rues des chaines tendues, à chaque carrefour des bivacs.

Les patrouilles se croisaient, échangeant les mots d'ordre.

Les messagers expédiés par les différents chefs sillonnaient les places.

Enfin, des dialogues animés, et qui indiquaient l'agitation des esprits, s'établissaient entre les habitants pacifiques qui se tenaient aux fenêtres et leurs concitoyens plus belliqueux qui couraient les rues la pertuisane sur l'épaule ou l'arquebuse au bras.

Athos et Aramis n'avaient pas fait cent pas sans être arrêtés par les sentinelles placées aux barricades, qui leur avaient demandé le mot d'ordre.

Mais ils avaient répondu qu'ils allaient chez M. de Bouillon pour lui annoncer une nouvelle d'importance, et l'on s'était contenté de leur donner un guide qui, sous le prétexte de les accompagner et de les faciliter les passages, était chargé de veiller sur eux.

Celui-ci était parti les précédant et chantant :

Ce brave monsieur de Bouillon
Est incommodé de la goutte...

C'était un triolet des plus nouveaux et qui se composait de je ne sais combien de couplets où chacun avait sa part.

En arrivant aux environs de l'hôtel de Bouillon, on croisa une petite troupe de trois cavaliers qui avaient tous les mots du monde, car ils marchaient sans guide et sans escorte, et en arrivant aux barricades n'avaient qu'à échanger avec ceux qui les gardaient quelques paroles pour qu'on les laissât passer avec toutes les déférences qui sans doute étaient dues à leur rang.

A leur aspect, Athos et Aramis s'arrêtèrent.

— Oh! oh! dit Aramis, voyez-vous, comte?

— Oui, dit Athos.

— Que vous semble de ces trois cavaliers?

— Et à vous, Aramis?

— Mais que ce sont nos hommes.

— Vous ne vous êtes pas trompé, j'ai parfaitement reconnu M. de Flamarens

— Et moi, M. de Châtillon.

— Quant au cavalier au manteau brun..

— C'est le cardinal.

— En personne.

— Comment diable se hasardent-ils ainsi dans le voisinage de l'hôtel de Bouillon? demanda Aramis.

Athos sourit, mais il ne répondit point.

Cinq minutes après, ils frappaient à la porte du prince.

La porte était gardée par une sentinelle, comme c'est l'habitude pour les gens revêtus de grades supérieurs.

Un petit poste se tenait même dans la cour, prêt à obéir aux ordres du lieutenant de M. le prince de Conti.

Comme le disait la chanson, M. le duc de Bouillon avait la goutte et se tenait au lit.

Mais, malgré cette grave indisposition qui l'empêchait de monter à cheval depuis un mois, c'est-à-dire depuis que Paris était assiégé, il n'en fit pas moins dire qu'il était prêt à recevoir MM. le comte de la Fère et le chevalier d'Herblay.

Les deux amis furent introduits près de M. le duc de Bouillon.

Le malade était dans sa chambre, couché, mais entouré de l'appareil le plus militaire qui se pût voir.

Ce n'étaient partout, pendus aux murailles, qu'épées, pistolets, cuirasses et arquebuses, et il était facile de voir que, dès qu'il n'aurait plus la goutte, M. de Bouillon donnerait un joli peloton de fil à retordre aux ennemis du parlement.

En attendant, à son grand regret, disait-il, il était forcé de se tenir au lit.

— Ah! messieurs, s'écria-t-il en apercevant les deux visiteurs et en faisant pour se soulever sur son lit un effort qui lui arracha une grimace de douleur, vous êtes bien heureux, vous; vous pouvez monter à cheval, aller, venir, combattre pour la cause du peuple. Mais moi, vous le voyez, je suis cloué sur mon lit. Ah! diable de goutte! fit-il en grimaçant de nouveau. Diable de goutte!

— Monseigneur, dit Athos, nous arrivons d'Angleterre, et notre premier soin en touchant Paris a été de venir prendre des nouvelles de votre santé.

— Grand merci, messieurs, grand merci! reprit le duc. Mauvaise, comme vous voyez, ma santé... Diable de goutte! Ah! vous arrivez d'Angleterre? et le roi Charles se porte bien, à ce que je viens d'apprendre?

— Il est mort, monseigneur, dit Aramis.

— Bah! fit le duc étonné.

— Mort sur un échafaud, condamné par le parlement.

— Impossible!

— Et exécuté en notre présence.

— Que me disait donc M. de Flamarens?

— M. de Flamarens! fit Aramis.

— Oui, il sort d'ici.

Athos sourit.

— Avec deux compagnons? dit-il.

— Avec deux compagnons, oui, reprit le duc.

Puis il ajouta avec quelque inquiétude :

— Les auriez-vous rencontrés?

— Mais oui, dans la rue, ce me semble, dit Athos.

Et il regarda en souriant Aramis, qui, de son côté, le regarda d'un air quelque peu étonné.

La porte de M. de Bouillon était gardée par une sentinelle. — Page 51.

— Diable de goutte ! s'écria M. de Bouillon évidemment mal à son aise.

— Monseigneur, dit Athos, en vérité, il faut tout votre dévouement à la cause parisienne pour rester , souffrant comme vous l'êtes, à la tête des armées, et cette persévérance cause en vérité notre admiration, à M. d'Herblay et à moi.

— Que voulez-vous, messieurs, il faut bien, et vous en êtes un exemple, vous si braves et si dévoués, vous à qui mon cher collègue le duc de Beaufort doit la liberté et peut-être la vie, il faut bien se sacrifier à la chose publique. Aussi, vous le voyez, je me sacrifie; mais, je l'avoue, je suis au bout de ma force. Le cœur est bon, la tête est bonne; mais cette diable de goutte me tue, et j'avoue que si la cour faisait droit à mes demandes, demandes bien justes, puisque je ne fais que demander une indemnité promise par l'ancien cardinal lui-même lorsqu'on m'a enlevé ma principauté de Sédan ; oui, je l'avoue, si on me donnait des domaines de la même valeur, si l'on m'indemnisait de la non-jouissance de cette propriété depuis qu'elle m'a été enlevée, c'est-à-dire depuis huit ans ; si le titre de prince était accordé à ceux de ma maison, et si mon frère de Turenne était réintégré dans son commandement, je me retirerais immédiatement dans mes terres et laisserais la cour et le parlement s'arranger entre eux comme ils l'entendraient.

— Et vous auriez bien raison, monseigneur, dit Athos

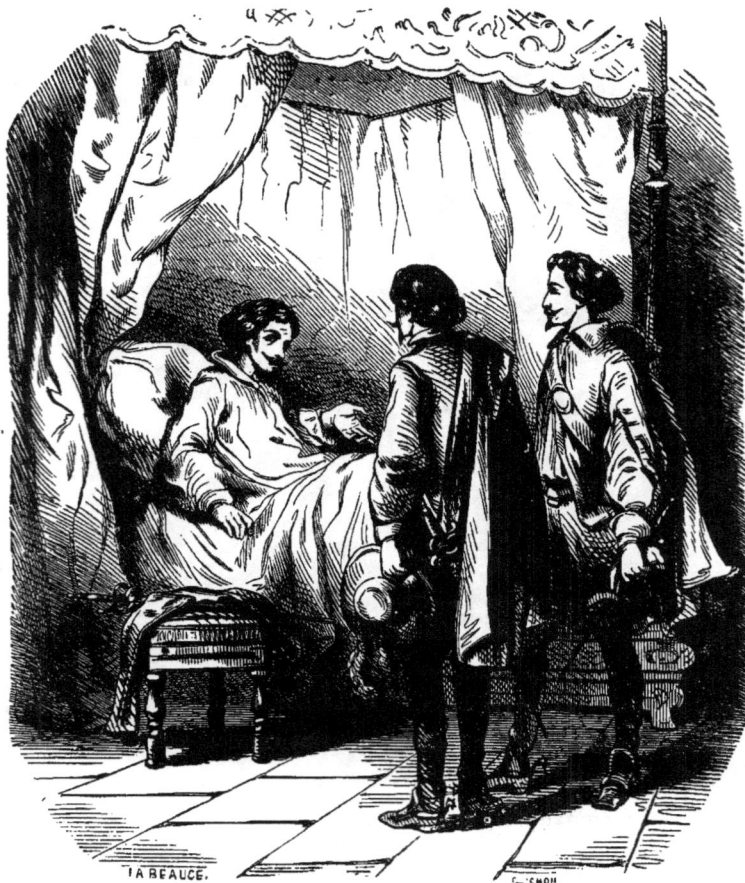

— Le cœur est bon, la tête est bonne ; mais cette diable de goutte me tue. — Page 52.

— C'est votre avis, n'est-ce pas, monsieur le comte de la Fère ?

— Tout à fait

— Et à vous aussi, monsieur le chevalier d'Herblay ?

— Parfaitement.

— Eh bien ! je vous avoue, messieurs, reprit le duc, que, selon toute probabilité, c'est celui que j'adopterai. La cour me fait des ouvertures en ce moment ; il ne tient qu'à moi de les accepter. Je les avais repoussées jusqu'à cette heure ; mais, puisque des hommes comme vous me disent que j'ai tort, et puisque surtout cette diable de goutte me met dans l'impossibilité de rendre aucun service à la cause parisienne, ma foi, j'ai bien envie de suivre votre conseil et d'accepter la proposition que vient de me faire M. de Châtillon.

— Acceptez, prince, dit Aramis, acceptez.

— Ma foi, oui. Je suis même fâché, ce soir, de l'avoir presque repoussée; mais il y a conférence demain, et nous verrons.

Les deux amis saluèrent le duc.

— Allez, messieurs, leur dit celui-ci, allez, vous devez être bien fatigués du voyage. Pauvre roi Charles! Mais enfin il y a bien un peu de sa faute dans tout cela, et ce qui doit nous consoler, c'est que la France n'a rien à se reprocher dans cette occasion, et qu'elle a fait tout ce qu'elle a pu pour le sauver

— Oh! quant à cela, dit Aramis, nous en sommes témoins. M. de Mazarin surtout...

— Eh bien! voyez-vous, je suis fort aise que vous lui rendiez ce témoignage; il a du bon au fond, le cardinal, et s'il n'était pas étranger... sûrement on lui rendrait justice. Aïe! diable de goutte!

Athos et Aramis sortirent, mais jusque dans l'antichambre les cris de M. de Bouillon les accompagnèrent.

Il était évident que le pauvre prince souffrait comme un damné.

Arrivé à la porte de la rue:

— Eh bien! demanda Aramis à Athos, que pensez-vous?

— De qui?

— De M. de Bouillon, pardieu!

— Mon ami, j'en pense ce qu'en pense le triolet de notre guide, reprit Athos:

Ce brave monsieur de Bouillon
Est incommodé de la goutte...

— Aussi, dit Aramis, vous voyez que je ne lui ai pas soufflé mot de l'objet qui nous amenait.

— Et vous avez agi prudemment; vous lui eussiez redonné un accès. Allons chez M. de Beaufort.

Et les deux amis s'acheminèrent vers l'hôtel de Vendôme...

Dix heures sonnaient comme ils y arrivaient.

L'hôtel de Vendôme était non moins bien gardé et présentait un aspect non moins belliqueux que celui de Bouillon.

Il y avait sentinelles, poste dans la cour, armes en faisceaux, chevaux tout sellés aux anneaux.

Deux cavaliers, sortant comme Athos et Aramis entraient, furent obligés de faire faire un pas en arrière à leurs montures pour laisser passer ceux-ci.

— Ah! ah! messieurs, dit Aramis, c'est décidément la nuit aux rencontres, et j'avoue que nous serions bien malheureux, après nous être si souvent rencontrés ce soir, si nous allions ne point parvenir à nous rencontrer demain.

— Oh! quant à cela, monsieur, répondit Châtillon, car c'était lui-même qui sortait avec Flamarens de chez le duc de Beaufort, vous pouvez être tranquille; si nous nous rencontrons la nuit sans nous chercher, à plus forte raison nous rencontrerons-nous le jour en nous cherchant.

— Je l'espère, monsieur, dit Aramis.

— Et moi, j'en suis sûr, dit le duc.

MM. de Flamarens et Châtillon continuèrent leur chemin, et Athos et Aramis mirent pied à terre.

A peine avaient-ils passé la bride de leurs chevaux au bras de leurs laquais qu'un homme s'approcha d'eux, et, après les avoir débarrassés de leurs manteaux qu'un homme s'approcha d'eux, et, après les avoir regardés un instant à la douteuse clarté d'une lanterne suspendue au milieu de la cour, poussa un cri de surprise et vint se jeter dans leurs bras.

— Comte de la Fère! s'écria cet homme; chevalier d'Herblay! comment êtes-vous ici, à Paris?

— Rochefort! dirent ensemble les deux amis.

— Oui, sans doute. Nous sommes arrivés, Beaufort et moi, comme vous l'avez su, du Vendômois, il y a quatre ou cinq jours, et nous nous apprêtons à donner du train au Mazarin. Vous êtes toujours des nôtres, je présume?

— Plus que jamais. Et le duc?

— Il est enragé contre le cardinal. Vous savez ses succès, à notre cher duc? c'est le véritable roi de Paris; il ne peut pas sortir sans risquer qu'on l'étouffe.

— Ah! tant mieux, dit Aramis; mais, dites-moi, n'est-ce pas MM. de Flamarens et de Châtillon qui sortent d'ici?

— Oui, ils viennent d'avoir audience du duc; ils venaient de la part du Mazarin sans doute, mais ils auront trouvé à qui parler, je vous en réponds.

— A la bonne heure! dit Athos; et ne pourrait-on avoir l'honneur de voir Son Altesse?

— Comment donc! à l'instant même. Vous savez que pour vous elle est toujours visible. Suivez-moi, je réclame l'honneur de vous présenter.

Rochefort marcha devant.

Toutes les portes s'ouvrirent devant lui et devant les deux amis.

Ils trouvèrent M. de Beaufort prêt à se mettre à table

Les mille occupations de la soirée avaient retardé son souper jusqu'à ce moment-là.

Mais, malgré la gravité de la circonstance, le prince n'eut pas plutôt entendu les deux noms que lui annonçait Rochefort, qu'il se leva de sa chaise, et que, s'avançant vivement au-devant des deux amis:

— Ah! pardieu! dit-il, soyez les bienvenus, messieurs. Vous venez prendre votre part de mon souper, n'est-ce pas? Boisjoli, prévenez Noirmont que j'ai deux convives. Vous connaissez Noirmont, n'est-ce pas, messieurs? c'est mon maître d'hôtel, le successeur du père Marteau, qui confectionne les excellents pâtés que vous savez. Boisjoli, qu'il en envoie un de sa façon, mais pas dans le genre de celui qu'il avait fait pour la Ramée. Dieu merci! nous n'avons plus besoin d'échelles de corde, de poignards ni de poires d'angoisses.

— Monsieur, dit Athos, ne dérangez pas pour nous votre illustre maître d'hôtel, dont nous connaissons les talents nombreux et variés. Ce soir, avec la permission de Votre

Altesse, nous aurons seulement l'honneur de lui demander des nouvelles de sa santé et de prendre ses ordres.

— Oh! quant à ma santé, vous voyez, messieurs, excellente. Une santé qui a résisté à cinq ans de Bastille, accompagnés de M. de Chavigny, est capable de tout. Quant à mes ordres, ma foi, j'avoue que je serais fort embarrassé de vous en donner, attendu que chacun donne les siens de son côté, et que je finirai, si cela continue, par n'en pas donner du tout.

— Vraiment, dit Athos, je croyais cependant que c'était sur votre union que le parlement comptait.

— Ah! oui, notre union! elle est belle! Avec le duc de Bouillon, ça va encore, il a la goutte qui ne quitte pas son lit, il y a moyen de s'entendre; mais avec M. d'Elbeuf et ses éléphants de fils... Vous connaissez le triolet sur le duc d'Elbeuf, messieurs?

— Non, monseigneur.

— Vraiment?

Le duc se mit à chanter.

Monsieur d'Elbeuf et ses enfants
Font rage à la place Royale.
Ils vont tous quatre piaffants,
Monsieur d'Elbeuf et ses enfants.
Mais sitôt qu'il faut battre aux champs,
Adieu leur humeur martiale.
Monsieur d'Elbeuf et ses enfants
Font rage à la place Royale.

— Mais, reprit Athos, il n'en est pas ainsi avec le coadjuteur, j'espère?

— Ah! bien oui! avec le coadjuteur, c'est pis encore. Dieu vous garde des prélats brouillons, surtout quand ils portent une cuirasse sur leur simarre! Au lieu de se tenir tranquille dans son évêché à chanter des *Te Deum* pour les victoires que nous ne remportons pas, ou pour les victoires où nous sommes battus, savez-vous ce qu'il fait?

— Non.

— Il lève un régiment auquel il donne son nom, le régiment de Corinthe. Il fait des lieutenants et des capitaines ni plus ni moins qu'un maréchal de France, et des colonels comme le roi.

— Oui, dit Aramis; mais, lorsqu'il faut se battre, j'espère qu'il se tient à son archevêché.

— Eh bien! pas du tout. Voilà ce qui vous trompe, mon cher d'Herblay. Lorsqu'il faut se battre, il se bat; de sorte que, comme la mort de son oncle lui a donné siège au parlement, maintenant on l'a sans cesse dans les jambes: au parlement, au conseil, au combat. Le prince de Conti est général en peinture, et quelle peinture! Un prince bossu! Ah! tout cela va bien mal, messieurs, tout cela va bien mal!

— De sorte, monseigneur, que Votre Altesse est mécontente? dit Athos en échangeant un regard avec Aramis.

— Mécontente, comte? dites que mon Altesse est furieuse. C'est au point, tenez, je le dis à vous, je ne le dirais point à d'autres, c'est au point que si la reine, reconnaissant ses torts envers moi, rappelait ma mère exilée et me donnait la survivance de l'amirauté, qui est à M. mon père et qui m'a été promise à sa mort, eh bien! je ne serais pas éloigné de dresser des chiens à qui j'apprendrais à dire qu'il y a en France de plus grands voleurs que M. de Mazarin.

Ce ne fut pas un regard seulement, ce furent un regard et un sourire qu'échangèrent Athos et Aramis, et, ne les eussent-ils pas rencontrés, ils eussent deviné que MM. de Châtillon et de Flamarens avaient passé par là.

Aussi ne soufflèrent-ils mot de la présence à Paris de M. de Mazarin.

— Monseigneur, dit Athos, nous voilà satisfaits. Nous n'avions, en venant à cette heure chez Votre Altesse, d'autre but que de faire preuve de notre dévouement et de lui dire que nous nous tenions à sa disposition comme ses plus fidèles serviteurs.

— Comme mes plus fidèles amis, messieurs, comme mes plus fidèles amis! vous me l'avez prouvé, et, si jamais je me raccommode avec la cour, je vous prouverai, je l'espère, que moi aussi je suis resté votre ami, ainsi que celui de ces messieurs. Comment diable les appelez-vous? d'Artagnan et Porthan?

— D'Artagnan et Porthos.

— Ah! oui, c'est cela. Ainsi donc, vous comprenez, comte de la Fère; vous comprenez, chevalier d'Herblay: tout et toujours à vous.

Athos et Aramis s'inclinèrent et sortirent.

— Mon cher Athos, dit Aramis, je crois que vous n'avez consenti à m'accompagner, Dieu me pardonne! que pour me donner une leçon.

— Attendez donc, mon cher, dit Athos, il sera temps de vous en apercevoir quand nous sortirons de chez le coadjuteur.

— Allons donc à l'archevêché, dit Aramis.

Et tous deux s'acheminèrent vers la Cité.

En se rapprochant du berceau de Paris, Athos et Aramis trouvèrent les rues inondées, et il fallut reprendre une barque.

Il était onze heures passées, mais on savait qu'il n'y avait pas d'heure pour se présenter chez le coadjuteur, son incroyable activité faisant, selon les besoins, de la nuit le jour, et du jour la nuit.

Le palais archiépiscopal sortait du sein de l'eau, et on eût dit, au nombre des barques amarrées de tous côtés autour de ce palais, qu'on était non pas à Paris, mais à Venise.

Ces barques allaient, venaient, se croisaient en tout sens, s'enfonçaient dans le dédale des rues de la Cité, ou s'éloignaient dans la direction de l'Arsenal ou du quai Saint-Victor, et alors nageaient comme sur un lac.

De ces barques, les unes étaient muettes et mystérieuses, les autres étaient bruyantes et éclairées.

Les deux amis glissèrent au milieu de ce monde d'embarcations et abordèrent à leur tour.

Tout le rez-de-chaussée de l'archevêché était inondé, mais des espèces d'escaliers avaient été adaptés aux murailles, et tout le changement qui était résulté de l'inondation, c'est qu'au lieu d'entrer par les portes, on entrait par les fenêtres.

Ce fut ainsi qu'Athos et Aramis abordèrent dans l'antichambre du prélat.

Cette antichambre était encombrée de laquais, car une douzaine de seigneurs étaient entassés dans le salon d'attente.

— Mon Dieu! dit Aramis, regardez donc, Athos. Est-ce

que ce fat de coadjuteur va se donner le plaisir de nous faire faire antichambre?

Athos sourit.

— Mon cher ami, lui dit-il, il faut prendre les gens avec tous les inconvénients de leur position. Le coadjuteur est en ce moment un des sept ou huit rois qui règnent à Paris. Il a une cour.

— Oui, dit Aramis, mais nous ne sommes pas des courtisans, nous.

— Aussi allons-nous lui faire passer nos noms, et, s'il ne

BEAUCE   PONTENIER

Ce fut ainsi qu'Athos et Aramis abordèrent dans l'antichambre du prélat. — PAGE 55.

fait pas en les voyant une réponse convenable, eh bien! nous le laisserons aux affaires de la France ou aux siennes. Il ne s'agit que d'appeler un laquais et de lui mettre une demi-pistole dans la main.

— Eh! justement, s'écria Aramis, je ne me trompe pas... oui... non... si fait. Bazin, venez ici, drôle!

Bazin, qui dans ce moment traversait l'antichambre majestueusement, revêtu de ses habits d'église, se retourna, le sourcil froncé, pour voir quel était l'impertinent qui l'apostrophait de cette manière.

Mais à peine eut-il reconnu Aramis, que le tigre se fit agneau, et que, s'approchant des deux gentilshommes:

— Comment! dit-il, c'est vous, monsieur le chevalier! c'est vous, monsieur le comte! vous voilà tous deux au moment où nous étions si inquiets de vous. Oh! que je suis heureux de vous revoir!

— C'est bien, c'est bien, maître Bazin, dit Aramis; trêve de compliments. Nous venons pour voir M. le coadjuteur; mais nous sommes pressés, et il faut que nous le voyions à l'instant même.

— Comment donc! dit Bazin, à l'instant même, sans doute; ce n'est point à des seigneurs de votre sorte qu'on fait faire

Le capitaine Planchet. — Page 59.

antichambre. Seulement, en ce moment il est en conférence secrète avec un M. de Bruy.

— De Bruy! s'écrièrent ensemble Athos et Aramis.

— Oui; c'est moi qui l'ai annoncé, et je me rappelle parfaitement son nom. Le connaissez-vous, monsieur? ajouta Bazin en se retournant vers Aramis.

— Je crois le connaître.

— Je n'en dirai pas autant, moi, reprit Bazin, car il était si bien enveloppé de son manteau, que, quelque persistance que j'y aie mise, je n'ai pu voir le plus petit coin de son visage. Mais je vais entrer pour annoncer, et cette fois peut-être serai-je plus heureux.

3   8

58

LES MOUSQUETAIRES.

— Inutile, dit Aramis, nous renonçons à voir M. le coadjuteur pour ce soir : n'est-ce pas, Athos?

— Comme vous voudrez, dit le comte.

— Oui, il a de trop grandes affaires à traiter avec M. de Bruy.

— Et lui annoncerai-je que ces messieurs étaient venus à l'archevêché?

— Non, ce n'est pas la peine, dit Aramis. Venez, Athos.

Et les deux amis, fendant la foule des laquais, sortirent de l'archevêché, suivis de Bazin, qui témoignait de leur importance en leur prodiguant les salutations.

— Eh bien! demanda Athos lorsque Aramis et lui furent dans la barque, commencez-vous à croire, mon ami, que nous aurions joué un bien mauvais tour à tous ces gens-là en arrêtant M. de Mazarin?

— Vous êtes la sagesse incarnée, Athos, répondit Aramis.

Ce qui avait surtout frappé les deux amis, c'était le peu d'importance qu'avaient pris à la cour de France les événements terribles qui s'étaient passés en Angleterre, et qui leur semblaient à eux devoir occuper l'attention de toute l'Europe.

En effet, à part une pauvre veuve et une orpheline royale qui pleuraient dans un coin du Louvre, personne ne paraissait savoir qu'il eût existé un roi Charles Ier et que ce roi venait de mourir sur un échafaud.

Les deux amis s'étaient donné rendez-vous pour le lendemain matin à dix heures, quoique la nuit fût fort avancée lorsqu'ils étaient arrivés à la porte de l'hôtel, Aramis avait prétendu qu'il avait encore quelques visites d'importance à faire et avait laissé Athos rentrer seul...

Le lendemain à dix heures sonnant ils étaient réunis.

Depuis six heures du matin, Athos était sorti de son côté.

— Eh bien! avez-vous eu quelque nouvelle? demanda Athos.

— Aucune : on n'a vu d'Artagnan nulle part, et Porthos n'a pas encore paru. Et chez vous?

— Rien.

— Diable! fit Aramis.

— En effet, dit Athos, ce retard n'est point naturel : ils ont pris la route la plus directe, et par conséquent ils auraient dû arriver avant nous.

— Ajoutez à cela, dit Aramis, que nous connaissons d'Artagnan pour la rapidité de ses manœuvres, et qu'il n'est pas homme à avoir perdu une heure, sachant que nous l'attendions...

— Il comptait, si vous vous le rappelez, être ici le 5.

— Et nous voilà au 9. C'est ce soir qu'expire le délai fixé.

— Que comptez-vous faire, demanda Athos, si ce soir nous n'avons pas de nouvelles?

— Pardieu! nous mettre à sa recherche.

— Bien! dit Athos.

— Mais Raoul? demanda Aramis.

Un léger nuage passa sur le front du comte.

— Raoul me donne beaucoup d'inquiétude, dit-il; il a reçu hier un message du prince de Condé; il est allé le rejoindre à Saint-Cloud et n'est pas revenu.

— N'avez-vous point vu madame de Chevreuse?

— Elle n'était point chez elle. Et vous, Aramis, vous deviez passer, je crois, chez madame de Longueville?

— J'y suis passé, en effet.

— Eh bien?

— Elle n'était point chez elle non plus; mais, au moins, elle avait laissé l'adresse de son nouveau logement.

— Où était-elle?

— Devinez, je vous le donne en mille.

— Comment voulez-vous que je devine où est à minuit, car je présume que c'est en me quittant que vous vous êtes présenté chez elle; comment, dis-je, voulez-vous que je devine où est à minuit la plus belle et la plus active de toutes les frondeuses?

— A l'Hôtel de Ville, mon cher!

— Comment, à l'Hôtel de Ville? Elle est donc nommée prévôt des marchands?

— Non, mais elle s'est faite reine de Paris par intérim, et, comme elle n'a pas osé de prime abord aller s'établir au Palais-Royal ou aux Tuileries, elle s'est installée à l'Hôtel de Ville, où elle va donner incessamment un héritier ou une héritière à ce cher duc.

— Vous ne m'aviez pas fait part de cette circonstance, Aramis, dit Athos.

— Bah! vraiment! C'est un oubli alors, excusez-moi.

— Maintenant, demanda Athos, qu'allons-nous faire d'ici à ce soir? Nous voici fort désœuvrés, ce me semble.

— Vous oubliez, mon ami, que nous avons de la besogne toute taillée.

— Où cela?

— Du côté de Charenton, morbleu! J'ai l'espérance, d'après sa promesse, de rencontrer là un certain M. de Châtillon que je déteste depuis longtemps.

— Et pourquoi cela?

— Parce qu'il est frère d'un certain M. de Coligny.

— Ah! c'est vrai, j'oubliais!... lequel a prétendu à l'honneur d'être votre rival. Il a été bien cruellement puni de cette audace, mon cher, et, en vérité, cela devrait vous suffire.

— Oui; mais, que voulez-vous? cela ne me suffit point. Je suis rancunier; c'est le seul point par lequel je tienne à l'Église. Après cela, vous comprenez, Athos, vous n'êtes aucunement forcé de me suivre.

— Allons donc, dit Athos, vous plaisantez!

— En ce cas, mon cher, si vous êtes décidé à m'accompagner, il n'y a point de temps à perdre. Le tambour a battu, j'ai rencontré les canons qui partaient, j'ai vu les bourgeois qui se rangeaient en bataille sur la place de ville; on va bien certainement se battre vers Charenton, comme l'a dit hier le duc de Châtillon.

— J'aurais cru, dit Athos, que les conférences de cette nuit avaient changé quelque chose à ces dispositions belliqueuses.

— Oui, sans doute; mais on ne s'en battra pas moins, ne fût-ce que pour mieux masquer ces conférences.

— Pauvres gens! dit Athos, qui vont se faire tuer pour qu'on rende Sedan à M. de Bouillon, pour qu'on donne la survivance de l'amirauté à M. de Beaufort, et pour que le coadjuteur soit cardinal!

— Allons, allons! mon cher, dit Aramis, convenez que vous ne seriez pas si philosophe si votre Raoul ne se devait point trouver mêlé à toute cette bagarre.

— Peut-être dites-vous vrai, Aramis.

— Eh bien! allons donc où l'on se bat, c'est un moyen sûr de retrouver d'Artagnan, Porthos, et peut-être même Raoul.

— Hélas! dit Athos.

— Mon bon ami, dit Aramis, maintenant que nous sommes à Paris, il vous faut, croyez-moi, perdre cette habitude de soupirer sans cesse. A la guerre, morbleu! comme à la guerre, Athos! N'êtes-vous plus homme d'épée! et vous êtes-vous fait d'église, voyons? Tenez, voilà de beaux bourgeois qui passent; c'est engageant, tudieu! et ce capitaine, voyez donc, ça vous a presque une tournure militaire!

— Ils sortent de la rue du Mouton.

— Tambours en tête, comme de vrais soldats; mais voyez donc ce gaillard-là, comme il se balance, comme il se cambre!

— Heu! fit Grimaud.

— Quoi? demanda Athos.

— Planchet! monsieur.

— Lieutenant hier, dit Aramis, capitaine aujourd'hui, colonel sans doute demain, dans huit jours le gaillard sera maréchal de France.

— Demandons-lui quelques renseignements, dit Athos.

Et les deux amis s'approchèrent de Planchet, qui, plus fier que jamais d'être vu en fonctions, daigna expliquer aux deux gentilshommes qu'il avait ordre de prendre position sur la place Royale avec deux cents hommes formant l'arrière-garde de l'armée parisienne, et de se diriger de là vers Charenton quand besoin serait.

— La journée sera chaude, dit Planchet d'un ton belliqueux.

— Oui, sans doute, reprit Aramis; mais il y a loin d'ici à l'ennemi.

— Monsieur, on rapprochera la distance, répondit un dizainier.

Aramis salua.

Puis, se rapprochant vers Athos:

— Je ne me soucie pas de camper place Royale avec tous ces gens-là, dit-il; voulez-vous que nous marchions en avant? nous verrons mieux les choses.

— Et puis, M. de Châtillon ne viendrait point vous chercher place Royale, n'est-ce pas? Allons donc en avant, mon ami.

— N'avez-vous pas deux mots à dire de votre côté à M. de Flamarens?

— Ami, dit Athos, j'ai pris une résolution, c'est de ne plus tirer l'épée que je n'y sois forcé absolument.

— Et depuis quand cela?

— Depuis que j'ai tiré le poignard.

— Ah! bon! encore un souvenir de M. Mordaunt! Eh bien! mon cher, il ne vous manquerait plus que d'éprouver des remords d'avoir tué celui-là!

— Chut! dit Athos en mettant son doigt sur sa bouche avec ce sourire triste qui n'appartenait qu'à lui, ne parlons plus de Mordaunt, cela nous porterait malheur.

Et Athos piqua vers Charenton, longeant le faubourg, puis la vallée de Fécamp, toute noire de bourgeois armés.

Il va sans dire qu'Aramis le suivait à une demi-longueur de cheval.

CHAPITRE IX.

LE COMBAT DE CHARENTON.

A mesure qu'Athos et Aramis avançaient, et qu'en avançant ils dépassaient les différents corps échelonnés sur la route, ils voyaient les cuirasses fourbies et éclatantes succéder aux armes rouillées, et les mousquets étincelants aux pertuisanes bigarrées.

— Je crois que c'est ici le vrai champ de bataille, dit Aramis; voyez-vous ce corps de cavalerie qui se tient en avant du pont, le pistolet au poing? Eh! prenez garde, voici du canon qui arrive.

— Ah çà! mon cher, dit Athos, où nous avez-vous menés?

On voyait les soldats courir à leurs armes, les cavaliers qui étaient à pied se remettre en selle, les trompettes les tambours battaient. — PAGE 62.

il me semble que je vois tout autour de nous des figures appartenant à des officiers de l'armée royale. N'est-ce pas M. de Châtillon lui-même qui s'avance avec ses deux brigadiers?

Et Athos mit l'épée à la main, tandis qu'Aramis, croyant qu'en effet il avait dépassé les limites du camp parisien, portait la main à ses fontes.

— Bonjour, messieurs, dit le duc en s'approchant, je vois que vous ne comprenez rien à ce qui se passe, mais un mot vous expliquera tout. Nous sommes pour le moment en trêve; il y a conférence : M. le Prince, M. de Retz, M. de Beaufort et M. de Bouillon causent en ce moment politique. Or, de deux choses l'une : ou les affaires ne s'arrangeront pas, et nous nous retrouverons, chevalier; ou elles s'arrangeront, et, comme je serai débarrassé de mon commandement, nous nous retrouverons encore.

— Monsieur, dit Aramis, vous parlez à merveille. Permettez-moi donc de vous adresser une question.

— Faites, monsieur.

— Où sont les plénipotentiaires?

Le régiment de Corinthe. — Page 63.

— A Charenton même, dans la seconde maison à droite en entrant du côté de Paris.

— Et cette conférence n'était pas prévue?

— Non, messieurs. Elle est, à ce qu'il paraît, le résultat de nouvelles propositions que M. de Mazarin a fait faire hier soir aux Parisiens.

Athos et Aramis se regardèrent en riant.

Ils savaient mieux que personne quelles étaient ces propositions, à qui elles avaient été faites et qui les avait faites.

— Et cette maison où sont les plénipotentiaires, demanda Athos, appartient...

— A M. de Chanleu, qui commande vos troupes à Charenton. Je dis vos troupes, parce que je présume que ces messieurs sont frondeurs.

— Mais, à peu près, dit Aramis

— Comment ! à peu près ?

— Eh ! sans doute, monsieur ; vous le savez mieux que personne ; dans ce temps-ci, on ne peut pas dire bien précisément ce qu'on est.

— Nous sommes pour le roi et pour MM. les princes, dit Athos.

— Il faut cependant nous entendre, dit Châtillon : le roi est avec nous, et il a pour généralissimes MM. d'Orléans et de Condé.

— Oui, dit Athos, mais sa place est dans nos rangs avec MM. de Conti, de Beaufort, d'Elbeuf et de Bouillon.

— Cela peut être, dit Châtillon, et l'on sait que pour mon compte j'ai assez peu de sympathie pour M. de Mazarin ; mes intérêts mêmes sont à Paris : j'ai là un grand procès d'où dépend toute ma fortune, et, tel que vous me voyez, je viens de consulter mon avocat..

— A Paris ?

— Non pas, à Charenton... M. Viole, que vous connaissez de nom : un excellent homme, un peu têtu ; mais il n'est pas du parlement pour rien. Je comptais le voir hier soir, mais notre rencontre m'a empêché de m'occuper de mes affaires. Or, comme il faut que les affaires se fassent, j'ai profité de la trêve, et voilà comment je me trouve au milieu de vous.

— M. Viole donne donc ses consultations en plein vent ? demanda Aramis en riant.

— Oui, monsieur, et à cheval même. Il commande cinq cents pistoliers pour aujourd'hui, et je lui ai rendu visite accompagné, pour lui faire honneur, de ces deux petites pièces de canon, en tête desquelles vous avez paru si étonné de me voir. Je ne le reconnaissais pas d'abord, je dois l'avouer ; il a une longue épée sur sa robe et des pistolets à sa ceinture, ce qui lui donne un air formidable qui vous ferait plaisir si vous aviez le bonheur de le rencontrer.

— S'il est si curieux à voir, on peut se donner la peine de le chercher tout exprès, dit Aramis.

— Il faudrait vous hâter, monsieur, car les conférences ne peuvent durer longtemps encore.

— Et si elles sont rompues sans amener de résultat, dit Athos, vous allez tenter d'enlever Charenton ?

— C'est mon ordre, je commande les troupes d'attaque, et je ferai de mon mieux pour réussir

— Monsieur, dit Athos, puisque vous commandez la cavalerie...

— Pardon, je commande en chef

— Mieux encore !... Vous devez connaître tous vos officiers ; j'entends tous ceux qui sont de distinction ?

— Mais, oui, à peu près.

— Soyez assez bon pour me dire alors si vous n'avez pas sous vos ordres M. le chevalier d'Artagnan, lieutenant aux mousquetaires ?

— Non, monsieur, il n'est pas avec nous : depuis six se-

maines il a quitté Paris, et il est, dit-on en mission en Angleterre.

— Je savais cela, mais je le croyais de retour.

— Non, monsieur, et je ne sache point que personne l'ait revu. Je puis d'autant mieux vous répondre à ce sujet que les mousquetaires sont des nôtres, et que c'est M. de Cambon qui, par intérim, tient la place de M. d'Artagnan.

Les deux amis se regardèrent.

— Vous voyez, dit Athos.

— C'est étrange, dit Aramis.

— Il faut absolument qu'il leur soit arrivé malheur en route.

— Nous sommes aujourd'hui le 8 ; c'est ce soir qu'expire le délai fixé. Si ce soir nous n'avons point de nouvelles, demain matin nous partirons.

Athos fit de la tête un signe affirmatif.

Puis, se retournant :

— Et M. de Bragelonne, un jeune homme de quinze ans, attaché à M. le prince, demanda Athos, presque embarrassé de laisser percer ainsi devant le sceptique Aramis ses préoccupations paternelles, a-t-il l'honneur d'être connu de vous, monsieur le duc ?

— Oui, certainement, répondit Châtillon ; il nous est arrivé ce matin avec M. le Prince. Un charmant jeune homme ! Il est de vos amis, monsieur le comte ?

— Oui, monsieur, répliqua Athos doucement ému ; à telle enseigne que j'aurais même le désir de le voir. Est-ce possible ?

— Très-possible, monsieur. Veuillez m'accompagner, et je vous conduirai au quartier général.

— Holà ! dit Aramis en se retournant, voilà bien du bruit derrière nous, ce me semble.

— En effet, un gros de cavaliers vient à nous, fit Châtillon.

— Je reconnais M. le coadjuteur à son chapeau à la fronde.

— Et moi, M. de Beaufort à ses plumes blanches.

— Ils viennent au galop. M. le Prince est avec eux. Ah ! voilà qu'il les quitte.

— On bat le rappel ! s'écria Châtillon. Entendez-vous ? il faut nous informer.

En effet, on voyait les soldats courir à leurs armes, les cavaliers qui étaient à pied se remettre en selle, les trompettes sonnaient, les tambours battaient.

M. de Beaufort tira l'épée.

De son côté, M. le Prince fit un signe de rappel, et tous les officiers de l'armée royale, mêlés momentanément aux troupes parisiennes, coururent à lui.

— Messieurs, dit Châtillon, la trêve est rompue, c'est évident ; on va se battre. Rentrez donc dans Charenton, car j'attaquerai sous peu. Voilà le signal que M. le Prince me donne.

En effet, un cornette élevait par trois fois en l'air le guidon de M. le Prince.

— Au revoir. monsieur le chevalier, cria Châtillon.

Et il partit au galop pour rejoindre son escorte.

Athos et Aramis tournèrent bride de leur côté et vinrent saluer le coadjuteur et M. de Beaufort.

Quant à M. de Bouillon, il avait eu vers la fin de la conférence un si terrible accès de goutte, qu'on avait été obligé de le reconduire à Paris en litière.

En échange, M. le duc d'Elbeuf, entouré de ses quatre fils comme d'un état-major, parcourait les rangs de l'armée parisienne.

Pendant ce temps, entre Charenton et l'armée royale, se formait un long espace blanc qui semblait se préparer pour servir de dernière couche aux cadavres.

— Ce Mazarin est véritablement une honte pour la France! dit le coadjuteur en resserrant le ceinturon de son épée, qu'il portait, à la mode des anciens prélats militaires, sur sa simarre archiépiscopale; c'est un cuistre qui voudrait gouverner la France comme une métairie. Aussi la France ne peut-elle espérer de tranquillité et de bonheur que lorsqu'il en sera sorti.

— Il paraît que l'on ne s'est pas entendu sur la couleur du chapeau, dit Aramis.

Au même instant, M. de Beaufort leva son épée.

— Messieurs, dit-il, nous avons fait de la diplomatie inutile; nous voulions nous débarrasser de ce pleutre de Mazarini; mais la reine, qui en est embéguinée, le veut absolument garder pour ministre; de sorte qu'il ne nous reste plus qu'une ressource, c'est de le battre congrûment.

— Bon! dit le coadjuteur, voilà l'éloquence accoutumée de M. de Beaufort!

— Heureusement, dit Aramis, qu'il corrige ses fautes de français avec la pointe de son épée.

— Peuh! fit le coadjuteur avec mépris, je vous jure que dans toute cette guerre il est bien pâle.

Et il tira son épée à son tour.

— Messieurs, dit-il, voilà l'ennemi qui vient à nous; nous lui épargnerons bien, je l'espère, la moitié du chemin?

Et, sans s'inquiéter s'il était suivi ou non, il partit.

Son régiment, qui portait le nom de régiment de Corinthe, du nom de son archevêché, s'ébranla derrière lui et commença la mêlée...

De son côté, M. de Beaufort lançait sa cavalerie, sous la conduite de M. de Noirmoutiers, vers Étampes, où elle devait rencontrer un convoi de vivres impatiemment attendu par les Parisiens.

M. de Beaufort s'apprêtait à le soutenir...

M. de Chanleu, qui commandait la place, se tenait, avec le plus fort de ses troupes, prêt à résister à l'assaut, et même, au cas où l'ennemi serait repoussé, à tenter une sortie.

Au bout d'une demi-heure, le combat était engagé sur tous les points.

Le coadjuteur, que la réputation de courage de M. de Beaufort exaspérait, s'était jeté en avant et faisait personnellement des merveilles de bravoure.

Sa vocation, on le sait, était l'épée, et il était heureux chaque fois qu'il la pouvait tirer du fourreau, n'importe pour qui ou pour quoi.

Mais, dans cette circonstance, s'il avait bien fait son métier de soldat, il avait mal fait celui de colonel.

Avec sept ou huit cents hommes, il était allé heurter trois mille hommes, lesquels, à leur tour, s'étaient ébranlés tout d'une masse et ramenaient battant les soldats du coadjuteur, qui arrivèrent en désordre aux remparts.

Mais le feu de l'artillerie de Chanleu arrêta court l'armée royale, qui parut un instant ébranlée.

Cependant cela dura peu, et elle alla se reformer derrière un groupe de maisons et un petit bois.

Chanleu crut que le moment était venu : il s'élança à la tête de deux régiments pour poursuivre l'armée royale.

Mais, comme nous l'avons dit, elle s'était reformée et revenait à la charge, guidée par M. de Châtillon en personne.

La charge fut si rude et si habilement conduite, que Chanleu et ses hommes se trouvèrent presque entourés.

Chanleu ordonna la retraite, qui commença de s'exécuter pied à pied, pas à pas.

Malheureusement, au bout d'un instant, Chanleu tomba mortellement frappé.

M. de Châtillon le vit tomber et annonça tout haut cette mort, qui redoubla le courage des troupes de l'armée royale et démoralisa complètement les deux régiments avec lesquels Chanleu avait fait sa sortie.

En conséquence, chacun pensa à son salut et ne s'occupa plus que de regagner les retranchements, au pied desquels le coadjuteur essayait de reformer son régiment écharpé.

Tout à coup, un escadron de cavalerie vint à la rencontre des vainqueurs, qui entraient pêle-mêle avec les fugitifs dans les retranchements.

Athos et Aramis chargeaient en tête, Aramis l'épée et le pistolet à la main, Athos l'épée au fourreau, le pistolet aux fontes.

Athos était calme et froid comme dans une parade, seulement, son beau et noble regard s'attristait en voyant s'entr'égorger tant d'hommes, que sacrifiaient d'un côté l'entêtement royal, et de l'autre côté la rancune des princes.

Aramis, au contraire, tuait et s'enivrait peu à peu, selon son habitude.

Ses yeux vifs devenaient ardents.

Sa bouche, si finement découpée, souriait d'un sourire lugubre.

Ses narines ouvertes aspiraient l'odeur du sang.

Chacun de ses coups frappait juste, et le pommeau de son pistolet achevait, assommait le blessé qui essayait de se relever.

Du côté opposé, et dans les rangs de l'armée royale, deux cavaliers, l'un couvert d'une cuirasse dorée, l'autre d'un simple buffle, duquel sortaient les manches d'un justaucorps de velours bleu, chargeaient au premier rang.

Le cavalier à la cuirasse dorée vint heurter Aramis et

lui porta un coup d'épée qu'Aramis para avec son habileté ordinaire.

— Ah! c'est vous, monsieur de Châtillon! s'écria le chevalier; soyez le bienvenu, je vous attendais.

— J'espère ne vous avoir pas trop fait attendre, monsieur, dit le duc; en tous cas, me voici.

— Monsieur de Châtillon, dit Aramis en tirant de ses fontes un second pistolet qu'il avait réservé pour cette occasion, je crois que, si votre pistolet est déchargé, vous êtes un homme mort.

— Dieu merci! monsieur, dit Châtillon, il ne l'est pas.

Et le duc, levant son pistolet sur Aramis, l'ajusta et fit feu.

Mais Aramis courba sa tête au moment où il vit le duc appuyer le doigt sur la gâchette, et la balle passa sans l'atteindre au-dessus de lui.

— Oh! vous m'avez manqué, dit Aramis. Mais moi, j'en jure Dieu, je ne vous manquerai pas.

— Si je vous en laisse le temps! s'écria M. de Châtil-

, Voyez donc ce gaillard-là, comme il se balance, comme il se cambre.

lon en piquant son cheval et en bondissant sur lui l'épée haute.

Aramis l'attendit avec ce sourire terrible qui lui était propre en pareille occasion; et Athos, qui voyait M. de Châtillon s'avancer sur Aramis avec la rapidité de l'éclair, ouvrait la bouche pour crier: — Tirez! mais tirez donc! quand le coup partit.

M. de Châtillon ouvrit les bras et se renversa sur la croupe de son cheval...

La balle lui était entrée dans la poitrine par l'échancrure de la cuirasse.

— Je suis mort! murmura le duc.

Et il glissa de son cheval à terre.

— Je vous l'avais dit, monsieur, et je suis fâché maintenant d'avoir si bien tenu ma parole. Puis-je vous être bon à quelque chose?

Châtillon fit un signe de la main, et Aramis s'apprêtait à descendre quand tout à coup il reçut un choc violent dans le côté.

C'était un coup d'épée, mais la cuirasse para le coup.

Il se retourna vivement, saisit ce nouvel antagoniste par le poignet, quand deux cris partirent en même temps, l'un poussé par lui, l'autre par Athos:

— Raoul!

Le jeune homme reconnut à la fois la figure du chevalier d'Herblay et la voix de son père et laissa tomber son épée.

Plusieurs cavaliers de l'armée parisienne s'élancèrent en ce moment sur Raoul

Mais Aramis le couvrit de son épée.

— Prisonnier à moi! Passez donc au large! cria-t-il.

Athos, pendant ce temps, prenait le cheval de son fils par la bride et l'entraînait hors de la mêlée.

— Prisonnier à moi! passez donc au large! cria-t-il.

En ce moment, M. le Prince, qui soutenait M. de Châtillon en seconde ligne, apparut au milieu de la mêlée

On vit briller son œil d'aigle, et on le reconnut à ses coups.

A sa vue, le régiment de l'archevêque de Corinthe, que le coadjuteur, malgré tous ses efforts, n'avait pu réorganiser, se jeta au milieu des troupes parisiennes, renversa tout et rentra fuyant dans Charenton, qu'il traversa sans s'arrêter.

Le coadjuteur, entraîné par lui, repassa près du groupe formé par Athos, par Aramis et Raoul.

— Ah! ah! dit Aramis, qui ne pouvait, dans sa jalousie, ne pas se réjouir de l'échec arrivé au coadjuteur, en votre qualité d'archevêque, monseigneur, vous devez connaître les Écritures.

— Et qu'ont de commun les Ecritures avec ce qui m'arrive? demanda le coadjuteur.

— Que M. le Prince vous traite aujourd'hui comme saint Paul : la première aux Corinthiens.

— Allons! allons! dit Athos, le mot est joli, mais il ne faut pas attendre ici les compliments. En avant! en avant! ou plutôt en arrière, car la bataille m'a bien l'air d'être perdue pour les frondeurs.

— Cela m'est bien égal! dit Aramis, je ne venais ici que pour rencontrer M. de Châtillon. Je l'ai rencontré, je suis content. Un duel avec un Châtillon, c'est flatteur!

— Et de plus, un prisonnier! dit Athos en montrant Raoul.

Les trois cavaliers continuérent la route au galop.

Le jeune homme avait ressenti un frisson de joie en retrouvant son père.

Ils galopaient l'un à côté de l'autre, la main gauche du jeune homme dans la main droite d'Athos.

Quand ils furent loin du champ de bataille :

— Qu'alliez-vous donc faire si avant dans la mêlée, mon ami? demanda Athos au jeune homme; ce n'était point là votre place, ce me semble, n'étant pas mieux armé pour le combat.

— Aussi ne devais-je point me battre aujourd'hui, monsieur. J'étais chargé d'une mission pour le cardinal, et je partais pour Rueil, quand, voyant charger M. de Châtillon, l'envie me prit de charger à ses côtés. C'est alors que l'on me dit que deux cavaliers de l'armée parisienne me cherchaient, et qu'il me nomma le comte de la Fère.

— Comment! vous saviez que nous étions là, et vous avez voulu tuer votre ami le chevalier?

— Je n'avais point reconnu M. le chevalier sous son armure, dit en rougissant Raoul, mais j'aurais dû le reconnaître à son adresse et à son sang-froid.

— Merci du compliment, mon jeune ami, dit Aramis, et l'on voit qui vous a donné des leçons de courtoisie. Mais vous allez à Rueil, dites-vous?

— Oui.

— Chez le cardinal?

— Sans doute; j'ai une dépêche de M. le Prince pour Son Eminence.

— Il faut la porter, dit Athos.

— Oh! pour cela, un instant; pas de fausse générosité, comte. Que diable! notre sort, et, ce qui est plus important, le sort de nos amis, est peut-être dans cette dépêche.

— Mais il ne faut pas que ce jeune homme manque à son devoir, dit Athos.

— D'abord, comte, ce jeune homme est prisonnier, vous l'oubliez. Ce que nous faisons là est donc de bonne guerre.

D'ailleurs, des vaincus ne doivent pas être difficiles sur le choix des moyens. Donnez cette dépêche, Raoul.

Raoul hésita, regardant Athos comme pour chercher une règle de conduite dans ses yeux.

— Donnez la dépêche, Raoul, dit Athos, vous êtes le prisonnier du chevalier d'Herblay.

Raoul céda avec répugnance

Mais Aramis, moins scrupuleux que le comte de la Fère, saisit la dépêche avec empressement, la parcourut, et la rendant à Athos :

— Vous, dit-il, qui êtes croyant, lisez et voyez, en y réfléchissant, dans cette lettre quelque chose que la Providence juge important que nous sachions.

Athos prit la lettre tout en fronçant son beau sourcil.

Mais l'idée qu'il était question, dans la lettre, de d'Artagnan l'aida à vaincre le dégoût qu'il éprouvait à la lire.

Voici ce qu'il y avait dans la lettre :

« Monseigneur, j'enverrai ce soir à Votre Eminence, pour renforcer la troupe de M. de Comminges, les dix hommes que vous me demandez.

« Ce sont de bons soldats, propres à maintenir les deux rudes adversaires dont Votre Eminence craint l'adresse et la résolution. »

— Oh! oh! dit Athos.

— Eh bien! demanda Aramis, que vous semble de deux adversaires qu'il faut, outre la troupe de Comminges, dix bons soldats pour garder? cela ne ressemble-t-il pas comme deux gouttes d'eau à d'Artagnan et à Porthos?

— Nous allons battre Paris toute la journée, dit Athos, et, si nous n'avons pas de nouvelles ce soir, nous reprendrons le chemin de la Picardie, et je réponds, grâce à l'imagination de d'Artagnan, que nous ne tarderons pas à trouver quelque indication qui nous enlèvera tous nos doutes.

— Battons donc Paris, et informons-nous à Planchet, surtout, s'il n'aura point entendu parler de son ancien maître.

— Ce pauvre Planchet! vous en parlez bien à votre aise, Aramis! il est massacré sans doute. Tous ces belliqueux bourgeois seront sortis, et l'on en aura fait un massacre.

Comme c'était assez probable, ce fut avec un sentiment d'inquiétude que les deux amis rentrèrent à Paris par la porte du Temple, et qu'ils se dirigèrent vers la place Royale, où ils comptaient avoir des nouvelles de ces pauvres bourgeois.

Mais l'étonnement des deux amis fut grand lorsqu'ils les retrouvèrent buvant et goguenardant, eux et leur capitaine, toujours campés place Royale et pleurés sans doute par leurs familles, qui entendaient le bruit du canon de Charenton et les croyaient au feu.

Athos et Aramis s'informèrent de nouveau à Planchet; mais il n'avait rien su de d'Artagnan.

Ils voulurent l'emmener; il leur déclara qu'il ne pouvait quitter son poste sans ordre supérieur.

A cinq heures seulement les bourgeois rentrèrent chez eux en disant qu'ils revenaient de la bataille. Ils n'avaient pas perdu de vue le cheval de bronze de Louis XIII.

— Mille tonnerres! dit Planchet en rentrant dans sa boutique de la rue des Lombards, nous avons été battus à plate couture! Je ne m'en consolerai jamais!...

CHAPITRE X.

LA ROUTE DE PICARDIE.

Athos et Aramis, fort en sûreté dans Paris, ne se dissimulaient pas qu'à peine auraient-ils mis le pied dehors ils courraient les plus grands dangers.

Mais on sait ce qu'était la question de danger pour de pareils hommes.

D'ailleurs, ils sentaient que le dénoûment de cette seconde Odyssée approchait, et qu'il n'y avait plus, comme on dit, qu'un coup de collier à donner.

Au reste, Paris lui-même n'était pas tranquille.

Les vivres commençaient à manquer, et, selon que quelqu'un des généraux de M. le prince de Conti avait besoin de reprendre son influence, il se faisait une petite émeute qu'il calmait et qui lui donnait un instant la supériorité sur ses collègues.

Dans une de ces émeutes, M. de Beaufort avait fait piller la maison et la bibliothèque de M. de Mazarin, pour donner, disait-il, quelque chose à ronger à ce pauvre peuple.

Athos et Aramis quittèrent Paris sur ce coup d'Etat, qui avait eu lieu dans la soirée même du jour où les Parisiens avaient été battus à Charenton.

Tous deux laissaient Paris dans la misère et touchant presque à la famine, agité par la crainte, déchiré par les factions.

Parisiens et frondeurs, ils s'attendaient à trouver même misère, mêmes craintes, mêmes intrigues, dans le camp ennemi.

Leur surprise fut donc grande lorsqu'en passant à Saint-Denis ils apprirent qu'à Saint-Germain on riait, on chansonnait et l'on menait joyeuse vie.

Les deux gentilshommes prirent des chemins détournés, d'abord pour ne pas tomber aux mains des mazarins épars dans l'Ile-de-France, ensuite pour échapper aux frondeurs qui tenaient la Normandie, et qui n'eussent pas manqué de les conduire à M. de Longueville pour que M. de Longueville reconnût en eux des amis ou des ennemis.

Une fois échappés à ces deux dangers, ils rejoignirent le

J.A. BEAUCE   PISAN.

Il leva la nappe, et lut sur le bois ces hiéroglyphes creusés profondément avec la lame d'un couteau....

chemin de Boulogne à Abbeville, et le suivirent pas à pas, trace à trace.

Cependant ils furent quelque temps indécis; deux ou trois auberges avaient déjà été visitées; deux ou trois aubergistes avaient déjà été interrogés sans qu'un seul indice vint éclairer leurs doutes ou guider leurs recherches, lorsqu'à Montreuil Athos sentit sur la table quelque chose de rude au toucher de ses doigts délicats.

Il leva la nappe, et lut sur le bois ces hiéroglyphes, creusés profondément avec la lame d'un couteau.

« Port... — d'Art... — 2 février. »

— A merveille, dit Athos en faisant voir l'inscription à Aramis; nous voulions coucher ici, mais c'est inutile. Allons plus loin.

Ils remontèrent à cheval et gagnèrent Abbeville.

Là, ils s'arrêtèrent fort perplexes à cause de la grande quantité d'hôtelleries. On ne pouvait les visiter toutes. Comment deviner dans laquelle avaient logé ceux que l'on cherchait?

— Croyez-moi, Athos, dit Aramis, ne songeons pas à rien trouver à Abbeville. Si nous sommes embarrassés, nos amis

— Tout à coup, dans une gorge étroite, resserrée entre deux talus, ils virent la route à moitié barrée par une énorme pierre. — PAGE 70.

l'ont été aussi. S'il n'y avait que Porthos, Porthos eût été loger à la plus magnifique hôtellerie, et, en nous la faisant indiquer, nous serions sûrs de retrouver trace de son passage. Mais d'Artagnan n'a point de ces faiblesses-là; Porthos aura eu beau lui faire observer qu'il mourait de faim, il aura continué sa route, inexorable comme le destin, et c'est ailleurs qu'il le faut chercher.

Ils continuèrent donc leur route, mais rien ne se présenta.

C'était une tâche des plus pénibles et surtout des plus fastidieuses qu'avaient entreprise là Athos et Aramis, et, sans ce triple mobile de l'honneur, de l'amitié et de la reconnaissance, incrusté dans leur âme, nos deux voyageurs eussent cent fois renoncé à fouiller le sable, à interroger les passants, à commenter les signes, à épier les visages.

Ils allèrent ainsi jusqu'à Péronne.

Athos commençait à désespérer.

Cette noble et intéressante nature se reprochait cette obscurité dans laquelle Aramis et lui se trouvaient.

Sans doute ils avaient mal cherché; sans doute ils n'avaient pas mis dans leurs questions assez de persistance, dans leurs investigations assez de perspicacité.

Ils étaient prêts à retourner sur leurs pas lorsqu'en traversant le faubourg qui conduisait aux portes de la ville sur un mur blanc qui faisait l'angle d'une rue tournant autour du rempart, Athos jeta les yeux sur un dessin à la pierre noire qui représentait, avec la naïveté des premières tentatives d'un crayon d'enfant, deux cavaliers galopant avec frénésie.

L'un des deux cavaliers tenait à la main une pancarte où étaient écrits en espagnol ces mots :

« On nous suit. »

— Oh! oh! dit Athos, voilà qui est clair comme le jour. Tout suivi qu'il était, d'Artagnan se sera arrêté cinq minutes ici; cela prouve au reste qu'il n'était pas poursuivi de bien près, et peut-être sera-t-il parvenu à s'échapper.

Aramis secoua la tête.

— S'il s'était échappé, nous l'aurions revu ou nous en aurions au moins entendu parler

— Vous avez raison, Aramis; continuons.

Dire l'inquiétude et l'impatience des deux gentilshommes serait chose impossible.

L'inquiétude était pour le cœur tendre et amical d'Athos.

L'impatience était pour l'esprit nerveux et si facile à égarer d'Aramis.

Aussi galopèrent-ils tous deux pendant trois ou quatre heures avec la frénésie des deux cavaliers de la muraille.

Tout à coup, dans une gorge étroite, resserrée entre deux talus, ils virent la route à moitié barrée par une énorme pierre.

Sa place primitive était indiquée sur un des côtés du talus, et l'espèce d'alvéole qu'elle y avait laissé, par suite de l'extraction, prouvait qu'elle n'avait pu rouler toute seule, tandis que sa pesanteur indiquait qu'il avait fallu pour la faire mouvoir le bras d'un Encelade ou d'un Briarée.

Aramis s'arrêta.

— Oh! dit-il en regardant la pierre, il y a là-dedans de l'Ajax de Télamon ou du Porthos. Descendons, s'il vous plaît, comte, et examinons ce rocher.

Tous deux descendirent.

La pierre avait été apportée dans le but évident de barrer le chemin à des cavaliers.

Elle avait donc été placée d'abord en travers; puis les cavaliers avaient trouvé cet obstacle, étaient descendus et l'avaient écarté.

Les deux amis examinèrent la pierre de tous les côtés exposés à la lumière.

Elle n'offrait rien d'extraordinaire.

Ils appelèrent alors Blaisois et Grimaud.

A eux quatre, ils parvinrent à retourner le rocher

Sur le côté qui touchait la terre était écrit :

« Huit chevau-légers nous poursuivent.

« Si nous arrivons jusqu'à Compiègne, nous nous arrêterons au Paon-Couronné; l'hôte est de nos amis. »

— Voilà quelque chose de positif, dit Athos, et, dans l'un ou l'autre cas, nous saurons à quoi nous en tenir. Allons donc au Paon-Couronné.

— Oui, dit Aramis; mais, si nous voulons y arriver, donnons quelque relâche à nos chevaux; ils sont presque fourbus.

Aramis disait vrai.

On s'arrêta au premier bouchon; on fit avaler à chaque cheval double mesure d'avoine détrempée dans du vin; on leur donna trois heures de repos, et l'on se remit en route.

Les hommes eux-mêmes étaient écrasés de fatigue, mais l'espérance les soutenait.

Six heures après, Athos et Aramis entraient à Compiègne et s'informaient du Paon-Couronné.

On leur montra une enseigne représentant le dieu Pan avec une couronne sur la tête.

Les deux amis descendirent de cheval, sans s'arrêter autrement à la prétention de l'enseigne, que, dans un autre temps, Aramis eût fort critiquée.

Ils trouvèrent un brave homme d'hôtelier, chauve et pansu comme un magot de la Chine, auquel ils demandèrent s'il n'avait pas logé plus ou moins longtemps deux gentilshommes poursuivis par des chevau-légers.

L'hôte, sans rien répondre, alla chercher dans un bahut une moitié de lame de rapière.

— Connaissez-vous cela? dit-il.

Athos ne fit que jeter un coup d'œil sur cette lame.

— C'est l'épée de d'Artagnan, dit-il.

— Du grand ou du petit? demanda l'hôte.

— Du petit, répondit Athos.

— Je vois que vous êtes des amis de ces messieurs.

— Eh bien! que leur est-il arrivé?

— Qu'ils sont entrés dans ma cour avec des chevaux fourbus, et qu'avant qu'ils aient eu le temps de refermer la grande porte huit chevau-légers qui les poursuivaient sont entrés après eux.

— Huit! dit Aramis. Cela m'étonne bien que d'Artagnan et Porthos, deux vaillants de cette nature, se soient laissé arrêter par huit hommes.

— Sans doute, messieurs, et les huit hommes n'en seraient pas venus à bout s'ils n'eussent recruté dans la ville une vingtaine de soldats du régiment le royal-italien, en garnison dans cette ville, de sorte que vos deux amis ont été littéralement accablés par le nombre.

— Arrêtés! dit Athos, et sait-on pourquoi?

— Non, monsieur, on les a emmenés tout de suite, et ils n'ont eu le temps de me rien dire; seulement, quand ils ont été partis, j'ai trouvé ce fragment d'épée sur le champ de bataille en aidant à ramasser deux morts et cinq ou six blessés.

— Et à eux, demanda Aramis, ne leur est-il rien arrivé?

— Non, monsieur, je ne crois pas.

— Allons, dit Aramis, c'est toujours une consolation.

— Et savez-vous où on les a conduits? demanda Athos.

— Du côté de Louvres.

— Laissons Blaisois et Grimaud ici, dit Athos; ils reviendront demain à Paris avec les deux chevaux, qui, aujourd'hui, nous laisseraient en route, et prenons la poste.

— Prenons la poste, dit Aramis.

On envoya chercher des chevaux.

Pendant ce temps, les deux amis dinèrent à la hâte; ils voulaient, s'ils trouvaient à Louvres quelques renseignements, pouvoir continuer leur route.

Ils arrivèrent à Louvres.

Il n'y avait pas une auberge.

On y buvait une liqueur qui a conservé de nos jours sa réputation, et qui s'y fabriquait déjà à cette époque.

— Descendons ici, dit Athos, d'Artagnan n'aura pas manqué cette occasion, non pas de boire un verre de liqueur, mais de nous laisser un indice.

Ils entrèrent et demandèrent deux verres de liqueur sur le comptoir, comme avaient dû le demander d'Artagnan et Porthos.

Le comptoir sur lequel on buvait d'habitude était recouvert d'une plaque d'étain.

Sur cette plaque, on voyait écrit avec la pointe d'une grosse épingle:

« Rueil, D. »

— Ils sont à Rueil, dit Aramis, que cette inscription frappa le premier.

— Allons donc à Rueil, dit Athos.

— C'est nous jeter dans la gueule du loup, dit Aramis.

— Si j'eusse été l'ami de Jonas comme je suis celui de d'Artagnan, dit Athos, je l'eusse suivi jusque dans le ventre de la baleine, et vous en feriez autant que moi, Aramis.

— Décidément, mon cher comte, je crois que vous me faites meilleur que je ne suis. Si j'étais seul, je ne sais pas si j'irais ainsi à Rueil sans de grandes précautions; mais, où vous irez, j'irai.

Ils prirent des chevaux et partirent pour Rueil.

Athos, sans s'en douter, avait donné à Aramis le meilleur conseil qui pût être suivi.

Les députés du parlement venaient d'arriver à Rueil pour ces fameuses conférences qui devaient durer trois semaines et amener cette paix boiteuse à la suite de laquelle M. le Prince fut arrêté.

Rueil était encombré, de la part des Parisiens, d'avocats, de présidents, de conseillers, de robins de toute espèce, enfin, et, de la part de la cour, de gentilshommes, d'officiers et de gardes.

Il était donc facile, au milieu de cette confusion, de demeurer aussi inconnu qu'on désirait l'être.

D'ailleurs, les conférences avaient amené une trêve, et arrêter deux gentilshommes en ce moment, fussent-ils frondeurs au premier chef, c'était porter atteinte au droit des gens.

Les deux amis croyaient tout le monde occupé de la pensée qui les tourmentait.

Ils se mêlèrent aux groupes, croyant qu'ils entendraient dire quelque chose de d'Artagnan et de Porthos; mais chacun n'était préoccupé que d'articles et d'amendements.

Athos opinait pour qu'on allât droit au ministre.

— Mon ami, objecta Aramis, ce que vous dites là est bien beau; mais, prenez-y garde, notre sécurité vient de notre obscurité. Si nous nous faisons connaître d'une façon ou d'une autre, nous irons immédiatement rejoindre nos amis dans quelque cul de basse-fosse d'où le diable ne nous tirera pas. Tâchons de ne point les retrouver par accident, mais bien à notre fantaisie. Arrêtés à Compiègne, ils ont été amenés à Rueil, comme nous en avons acquis la certitude à Louvres; conduits à Rueil, ils ont été interrogés par le cardinal, qui, après cet interrogatoire, les a gardés près de lui ou les a envoyés à Saint-Germain. Quant à la Bastille, ils n'y sont point, puisque la Bastille est aux frondeurs et que le fils de Broussel y commande. Ils ne sont pas morts, car la mort de d'Artagnan serait bruyante; quant à Porthos, je le crois éternel comme Dieu, quoiqu'il soit moins patient. Ne désespérons pas, attendons et restons à Rueil, car ma conviction est qu'ils sont à Rueil. Mais, qu'avez-vous donc? vous pâlissez?

— J'ai, dit Athos d'une voix presque tremblante, que je me souviens qu'au château de Rueil M. de Richelieu avait fait fabriquer une affreuse oubliette...

— Oh! soyez tranquille, dit Aramis; M. de Richelieu était un gentilhomme, notre égal à tous par la naissance, notre supérieur par la position. Il pouvait, comme un roi, toucher les plus grands de nous à la tête, et. en les touchant, faire vaciller cette tête sur les épaules. Mais M. de Mazarin est un cuistre qui peut tout au plus nous prendre au collet comme un archer. Rassurez-vous donc, ami, je persiste à dire que d'Artagnan et Porthos sont à Rueil, vivants et bien vivants.

— N'importe, dit Athos, il nous faudrait obtenir du coadjuteur d'être des conférences, et ainsi nous entrerions à Rueil.

— Avec tous ces affreux robins! y pensez-vous, mon cher? et croyez-vous qu'il y sera le moins du monde discuté de la liberté et de la prison de d'Artagnan et de Porthos? Non, je suis d'avis que nous cherchions quelque autre moyen.

— Eh bien! reprit Athos, j'en reviens à ma première pensée; je ne connais point de meilleur moyen que d'agir franchement et loyalement. J'irai trouver, non pas Mazarin, mais la reine, et je lui dirai : « Madame, rendez-nous vos deux serviteurs et nos deux amis! »

Aramis secoua la tête.

— C'est une dernière ressource dont vous serez toujours libre d'user, Athos; mais, croyez-moi, n'en usez qu'à l'extrémité : il sera toujours temps d'en venir là. En attendant, continuons nos recherches.

Ils continuèrent donc de chercher, et prirent tant d'informations, firent, sous mille prétextes plus ingénieux les u

Un chevau-léger leur avoua avoir fait partie de l'escorte qui avait amené d'Artagnan et Porthos de Compiègne à Rueil.

que les autres, causer tant de personnes, qu'ils finirent par trouver un chevau-léger qui leur avoua avoir fait partie de l'escorte qui avait amené d'Artagnan et Porthos de Compiègne à Rueil.

Sans les chevau-légers, on n'aurait pas même su qu'ils y étaient entrés.

Athos en revenait éternellement à son idée de voir la reine.

— Pour voir la reine, disait Aramis, il faut d'abord voir le cardinal, et, à peine aurons-nous vu le cardinal, rappelez-vous ce que je vous dis, Athos, que nous serons réunis à nos amis, mais point de la façon que nous l'entendons. Or, cette façon d'être réunis à eux me sourit assez peu, je vous l'avoue. Agissons en liberté pour agir bien et vite

— Je verrai la reine, dit Athos.

— Eh bien! mon ami, si vous êtes décidé à faire cette folie, prévenez-moi, je vous prie, un jour à l'avance.

— Pourquoi cela?

— Parce que je profiterai de la circonstance pour aller faire une visite à Paris.

— A qui?

Mazarin, assis devant une table, feuilletant des papiers comme eût pu le faire un simple particulier. — Page 75.

— Dame! que sais-je? peut-être bien à madame de Longueville. Elle est toute-puissante là-bas; elle m'aidera. Seulement, faites-moi dire par quelqu'un si vous êtes arrêté; alors, je me retournerai de mon mieux.

— Pourquoi ne risquez-vous pas l'arrestation avec moi, Aramis? dit Athos.

— Non, merci.

— Arrêtés à quatre et réunis, je crois que nous ne risquons plus rien. Au bout de vingt-quatre heures nous sommes tous quatre dehors.

— Mon cher, depuis que j'ai tué Châtillon, l'adoration

3   10

des dames de Saint-Germain, j'ai trop d'éclat autour de ma personne pour ne pas craindre doublement la prison La reine serait capable de suivre les conseils de Mazarin en cette occasion, et le conseil que lui donnerait Mazarin serait de me faire juger.

— Mais pensez-vous donc, Aramis, qu'elle aime cet Italien au point qu'on le dit?

— Elle a bien aimé un Anglais!

— Eh! mon cher, elle est femme.

— Non pas; vous vous trompez, Athos, elle est reine.

— Cher ami, je me dévoue, et vais demander audience à Anne d'Autriche.

— Adieu, Athos, je vais lever une armee.

— Pourquoi faire?

— Pour revenir assiéger Rueil.

— Ou nous retrouverons-nous?

— Au pied de la potence du cardinal.

Et les deux amis se séparèrent, Aramis pour retourner à Paris, Athos pour s'ouvrir, par quelques démarches préparatoires, un chemin jusqu'à la reine.

CHAPITRE XI.

LA RECONNAISSANCE D'ANNE D'AUTRICHE.

Athos éprouva beaucoup moins de difficulté qu'il ne s'y était attendu à pénétrer près d'Anne d'Autriche.

A la première démarche tout s'aplanit, au contraire, et l'audience qu'il désirait lui fut accordée pour le lendemain, à la suite du lever, auquel sa naissance lui donnait le droit d'assister.

Une grande foule emplissait les appartements de Saint-Germain.

Jamais au Louvre ou au Palais-Royal, Anne d'Autriche n'avait eu plus grand nombre de courtisans.

Seulement, un mouvement s'était fait parmi cette foule qui appartenait à la noblesse secondaire, tandis que tous les premiers gentilshommes de France étaient près de M. de Conti, de M. de Beaufort et du coadjuteur.

Au reste, une vive gaieté régnait dans cette cour.

Le caractère particulier de cette guerre fut qu'il y eut plus de couplets faits que de coups de canon tirés.

La cour chansonnait les Parisiens, qui chansonnaient la cour, et les blessures, pour n'être pas mortelles, n'en étaient pas moins douloureuses, faites qu'elles étaient avec l'arme du ridicule.

Mais, au milieu de cette hilarité générale et de cette futilité apparente, une certaine préoccupation vivait au fond de toutes les pensées.

Mazarin resterait-il ministre ou favori, ou Mazarin, venu du Midi comme un nuage, s'en irait-il emporté par le vent qui l'avait apporté?

Tout le monde l'espérait, tout le monde le désirait, de sorte que le ministre sentait qu'autour de lui tous les hommages, toutes les courtisaneries, recouvraient un fond de haine mal déguisée sous la crainte et sous l'intérêt.

Il se sentait mal à l'aise, ne sachant sur quoi faire compte ni sur qui s'appuyer.

M. le Prince lui-même, qui combattait pour lui, ne manquait jamais une occasion ou de le railler ou de l'humilier; et, à deux ou trois reprises, Mazarin ayant voulu, devant le vainqueur de Rocroy, faire acte de volonté, celui-ci l'avait regardé de manière à lui faire comprendre que, s'il le défendait, ce n'était ni par conviction ni par enthousiasme.

Alors le cardinal se rejetait vers la reine, son seul appui.

Mais, à deux ou trois reprises, il lui avait semblé sentir cet appui vaciller sous sa main.

L'heure de l'audience arrivée, on annonça au comte de la Fère qu'elle aurait toujours lieu, mais qu'il devait attendre quelques instants, la reine ayant conseil à tenir avec le ministre.

C'était la vérité.

Paris venait d'envoyer une nouvelle députation qui devait tâcher de donner enfin quelque tournure aux affaires, et la reine se consultait avec Mazarin sur l'accueil à faire à ces députés.

La préoccupation était grande parmi les hauts personnages de l'Etat.

Athos ne pouvait donc choisir un plus mauvais moment pour parler de ses amis, pauvres atomes perdus dans ce tourbillon déchaîné.

Mais Athos était un homme inflexible qui ne marchandait pas avec une décision prise, quand cette décision lui paraissait émanée de sa conscience et dictée par son devoir.

Il insista pour être introduit en disant que, quoiqu'il ne fût député ni de M. de Conti, ni de M. de Beaufort, ni de M. de Bouillon, ni de M. d'Elbeuf, ni du coadjuteur, ni de madame de Longueville, ni de M. Broussel, ni du parlement, et qu'il vînt pour son propre compte, il n'en avait pas moins les choses les plus importantes à dire à Sa Majesté.

La conférence finie, la reine le fit appeler dans son cabinet.

Athos fut introduit et se nomma.

C'était un nom qui avait trop de fois retenti aux oreilles de Sa Majesté et trop de fois vibré dans son cœur, pour qu'Anne d'Autriche ne le reconnût point.

Cependant elle demeura impassible, se contentant de regarder le gentilhomme avec cette fixité qui n'est permise qu'aux femmes reines, soit par la beauté, soit par le rang.

— C'est donc un service que vous offrez de nous rendre, comte? demanda Anne d'Autriche après un instant de silence.

— Oui, madame, encore un service, dit Athos, choqué de ce que la reine ne paraissait point le reconnaître.

C'était un grand cœur qu'Athos, et par conséquent un bien pauvre courtisan.

Anne fronça le sourcil.

Mazarin, qui, assis devant une table, feuilletait des papiers comme eût pu le faire un simple secrétaire d'Etat, leva la tête.

— Parlez, dit la reine.

Mazarin se remit à feuilleter ses papiers.

— Madame, reprit Athos, deux de nos amis, deux des plus intrépides serviteurs de Votre Majesté, M. d'Artagnan et M. du Vallon, envoyés en Angleterre par M. le cardinal, ont disparu tout à coup au moment où ils remettaient le pied sur la terre de France, et l'on ne sait ce qu'ils sont devenus.

— Eh bien? dit la reine.

— Eh bien! dit Athos, je m'adresse à la bienveillance de Votre Majesté pour savoir ce que sont devenus ces deux gentilshommes, me réservant, s'il le faut ensuite, de m'adresser à sa justice.

— Monsieur, répondit Anne d'Autriche avec cette hauteur qui, vis-à-vis de certains hommes, devenait de l'impertinence, voilà donc pourquoi vous nous troublez au milieu des préoccupations qui nous agitent! Une affaire de police! Eh! monsieur, vous savez bien, ou vous devez bien le savoir, que nous n'avons plus de police depuis que nous ne sommes plus à Paris.

— Je crois que Votre Majesté, dit Athos en s'inclinant avec un froid respect, n'aurait pas besoin de s'informer à la police pour savoir ce que sont devenus MM. d'Artagnan et du Vallon, et que, si elle voulait bien interroger M. le cardinal à l'endroit de ces deux gentilshommes, M. le cardinal pourrait lui répondre sans interroger autre chose que ses propres souvenirs.

— Mais, Dieu me pardonne! dit Anne d'Autriche avec ce dédaigneux mouvement de lèvres qui lui était particulier, je crois que vous interrogez vous-même.

— Oui, madame, et j'en ai presque le droit, car il s'agit de M. d'Artagnan, de M. d'Artagnan, entendez-vous bien.

C'était la seconde fois que M. d'Artagnan allait en Angleterre. La première, c'était pour l'honneur d'une grande reine, la seconde, c'était pour la vie d'un grand roi. — PAGE 77.

madame? dit-il de manière à courber sous les souvenirs de la femme le front de la reine.

Mazarin comprit qu'il était temps de venir au secours d'Anne d'Autriche.

— Monsou le comte, dit-il, je veux bien vous apprendre une chose qu'ignore Sa Majesté, c'est ce que sont devenus ces deux gentilshommes. Ils ont désobéi, et ils sont aux arrêts.

— Je supplie donc Votre Majesté, dit Athos toujours impassible et sans répondre à Mazarin, de lever ces arrêts en faveur de MM. d'Artagnan et du Vallon.

— Ce que vous me demandez est une affaire de dis-
cipline et ne me regarde point, monsieur, répondit la
reine.

— M. d'Artagnan n'a jamais répondu cela lorsqu'il s'est
agi du service de Votre Majesté, dit Athos en saluant avec
dignité.

Et il fit deux pas en arrière pour regagner la porte.

Mazarin l'arrêta.

— Vous venez aussi d'Angleterre, monsieur? dit-il en faisant un signe à la reine, qui pâlissait visiblement et s'apprêtait à donner un ordre rigoureux.

— Cardinal, dit-elle, faites arrêter cet insolent gentilhomme avant qu'il soit sorti de la cour. — PAGE 78.

— Et j'ai assisté aux derniers moments du roi Charles Ier,
dit Athos. Pauvre roi! coupable tout au plus de faiblesse,
et que ses sujets ont puni trop sévèrement; car les trônes
sont bien ébranlés à cette heure, et il ne fait pas bon, pour
les cœurs dévoués, de servir les intérêts des princes. C'é-
tait la seconde fois que M. d'Artagnan allait en Angleterre.
La première, c'était pour l'honneur d'une grande reine; la
seconde, c'était pour la vie d'un grand roi.

— Monsieur, dit Anne d'Autriche à Mazarin avec un accent dont toute son habitude de dissimuler n'avait pu chasser la véritable expression, voyez si l'on peut faire quelque
chose pour ces gentilshommes.

— Madame, dit Mazarin, je ferai tout ce qu'il plaira à
Votre Majesté.

— Faites ce que demande M. le comte de la Fère. N'est-ce pas comme cela que vous vous appelez, monsieur?

— J'ai encore un autre nom, madame. Je me nomme Athos.

— Madame, dit Mazarin avec un sourire qui indiquait avec quelle facilité il comprenait à demi-mot, vous pouvez être tranquille, vos désirs seront accomplis.

— Vous avez entendu, monsieur? dit la reine.

— Oui, madame, et je n'attendais rien moins de la justice de Votre Majesté. Ainsi, je vais revoir mes amis, n'est-ce pas, madame? c'est bien ainsi que Votre Majesté l'entend?

— Vous allez les revoir, oui, monsieur. Mais, à propos, vous êtes de la Fronde, n'est-ce pas?

— Madame, je sers le roi.

— Oui, à votre manière.

— Ma manière est celle de tous les vrais gentilshommes, et je n'en connais pas deux, répondit Athos avec hauteur.

— Allez donc, monsieur, dit la reine en congédiant Athos du geste; vous avez obtenu ce que vous désiriez obtenir, et nous savons tout ce que nous désirions savoir.

Puis s'adressant à Mazarin quand la portière fut retombée derrière lui :

— Cardinal, dit-elle, faites arrêter cet insolent gentilhomme avant qu'il soit sorti de la cour.

— J'y pensais, dit Mazarin, et je suis heureux que Votre Majesté me donne un ordre que j'allais solliciter d'elle. Ces casse-bras qui apportent dans notre époque les traditions de l'autre règne nous gênent fort; et, puisqu'il y en a déjà deux de pris, joignons-y le troisième.

Athos n'avait pas été entièrement dupe de la reine.

Il y avait dans son accent quelque chose qui l'avait frappé et qui lui semblait menacer tout en promettant.

Mais il n'était pas homme à s'éloigner sur un simple soupçon, surtout quand on lui avait dit clairement qu'il allait revoir ses amis.

Il attendit donc, dans une des chambres attenantes au cabinet où il avait eu audience, qu'on amenât vers lui d'Artagnan et Porthos, ou qu'on le vint chercher pour le conduire vers eux.

Dans cette attente, il s'était approché de la fenêtre et regardait machinalement dans la cour.

Il y vit entrer la députation des Parisiens, qui venait pour régler le lieu définitif des conférences et saluer la reine.

Il y avait des conseillers au parlement, des présidents, des avocats, parmi lesquels étaient perdus quelques hommes d'épée.

Une escorte imposante les attendait hors des grilles.

Athos regardait avec plus d'attention, car au milieu de cette foule il avait cru reconnaître quelqu'un, lorsqu'il sentit qu'on lui touchait légèrement l'épaule.

Il se retourna.

— Ah! monsieur de Comminges! dit-il.

— Oui, monsieur le comte, moi-même, et chargé d'une mission pour laquelle je vous prie d'agréer toutes mes excuses.

— Laquelle, monsieur? demanda Athos.

— Veuillez me rendre votre épée, comte.

Athos sourit, et ouvrant la fenêtre :

— Aramis! cria-t-il.

Un gentilhomme se retourna : c'était celui qu'avait cru reconnaître Athos.

Ce gentilhomme, c'était Aramis.

Il salua amicalement le comte.

— Aramis, dit Athos, on m'arrête.

— Bien! répondit flegmatiquement Aramis.

— Monsieur, dit Athos en se retournant vers Comminges et en lui présentant avec politesse son épée par la poignée, voici mon épée, veuillez me la garder avec soin pour me la rendre quand je sortirai de prison. J'y tiens; elle a été donnée par le roi François Ier à mon aïeul. Dans son temps, on armait les gentilshommes, on ne les désarmait pas. Maintenant, où me conduisez-vous?

— Mais, dans ma chambre d'abord, dit Comminges. La reine fixera le lieu de votre domicile ultérieurement.

Athos suivit Comminges sans ajouter un seul mot.

CHAPITRE XII.

LA ROYAUTÉ DE M. DE MAZARIN.

L'arrestation d'Athos n'avait fait aucun bruit, n'avait fait aucun scandale, et était même restée à peu près inconnue.

Elle n'avait donc en rien entravé la marche des événements, et la députation envoyée par la ville de Paris fut avertie solennellement qu'elle allait paraître devant la reine.

La reine la reçut, muette et superbe comme toujours.

Elle écouta les doléances et les supplications des députés.

Mais, lorsqu'ils eurent fini leurs discours, nul n'aurait pu dire, tant le visage d'Anne d'Autriche était resté indifférent, si elle les avait entendus.

En revanche, Mazarin, présent à cette audience, entendait très-bien ce que les députés demandaient.

C'était son renvoi en termes clairs et précis, purement et simplement.

Les discours finis, la reine restant muette :

« Messieurs, dit Mazarin, je me joindrai à vous pour supplier la reine de mettre un terme aux maux de ses sujets.

« J'ai fait tout ce que j'ai pu pour les adoucir, et cependant la croyance publique, dites-vous, est qu'ils viennent de moi, pauvre étranger qui n'ai pu réussir à plaire aux Français.

« Hélas! on ne m'a point compris, et c'était raison : je succédais à l'homme le plus sublime qui eût encore soutenu le sceptre des rois de France.

« Les souvenirs de M. de Richelieu m'écrasent.

« En vain, si j'étais ambitieux, lutterais-je contre ces souvenirs

« Mais je ne le suis pas, et j'en veux donner une preuve.

« Je me déclare vaincu.

« Je ferai ce que demande le peuple

« Si les Parisiens ont quelques torts, et qui n'en a pas, messieurs? Paris est assez puni; assez de sang a coulé, assez de misère accable une ville privée de son roi et de la justice.

« Ce n'est pas à moi, simple particulier, de prendre tant d'importance que de diviser une reine avec son royaume.

« Puisque vous exigez que je me retire, eh bien! je me retirerai. »

— Alors, dit Aramis à l'oreille de son voisin, la paix est faite et les conférences sont inutiles. Il n'y a plus qu'à envoyer sous bonne garde M. Mazarini à la frontière la plus éloignée, et à veiller à ce qu'il ne rentre ni par celle-là ni par les autres.

— Un instant, monsieur, un instant, dit l'homme de robe auquel Aramis s'adressait. Peste! comme vous y allez! On voit bien que vous êtes des hommes d'épée. Il y a le chapitre des rémunérations et des indemnités à mettre au net.

— Monsieur le chancelier, dit la reine en se tournant vers ce même Séguier notre ancienne connaissance, vous ouvrirez les conférences; elles auront lieu à Rueil. M. le cardinal a dit des choses qui m'ont fort émue. Voilà pourquoi je ne vous réponds pas plus longuement. Quant à ce qui est de rester ou de partir, j'ai trop de reconnaissance à M. le cardinal pour ne pas le laisser en tous points libre de ses actions. M. le cardinal fera ce qu'il voudra.

Une pâleur fugitive nuança le visage intelligent du premier ministre.

Il regarda la reine avec inquiétude.

Son visage était tellement impassible, qu'il en était, comme les autres, à ne pas pouvoir lire ce qui se passait dans son cœur.

— Mais, ajouta la reine, en attendant la décision de M. de Mazarin, qu'il ne soit, je vous prie, question que roi.

Les députés s'inclinèrent et sortirent.

— Eh quoi! dit la reine quand le dernier d'entre eux eut quitté la chambre, vous céderiez à ces robins et à ces avocats?

— Pour le bonheur de Votre Majesté, madame, dit Mazarin en fixant sur la reine son œil perçant, il n'y a point de sacrifice que je ne sois prêt à m'imposer.

Anne baissa la tête et tomba dans une de ces rêveries qui lui étaient si habituelles.

Le souvenir d'Athos lui revint à l'esprit.

La tournure hardie du gentilhomme, sa parole ferme et digne à la fois, les fantômes qu'il avait évoqués d'un mot, lui rappelaient tout un passé d'une poésie enivrante.

La jeunesse, la beauté, l'éclat des amours de vingt ans et les rudes combats de ses soutiens, et la fin sanglante de Buckingham, le seul homme qu'elle eût jamais aimé réellement, et l'héroïsme de ses obscurs défenseurs qui l'avaient sauvée de la double haine de Richelieu et du roi.

Mazarin la regardait, et, maintenant qu'elle se croyait seule et qu'elle n'avait plus tout un monde d'ennemis pour l'épier, il suivait ses pensées sur son visage comme on voit dans les lacs transparents passer les nuages, reflets du ciel comme les pensées.

— Il faudrait donc, murmura Anne d'Autriche, céder à l'orage, acheter la paix, attendre patiemment et religieusement des temps meilleurs?

Mazarin sourit amèrement à cette proposition qui annonçait qu'elle avait pris la proposition du ministre au sérieux.

Anne avait la tête inclinée et ne vit pas ce sourire.

Mais, remarquant que sa demande n'obtenait aucune réponse, elle releva le front

— Eh bien! vous ne me répondez point, cardinal; que pensez-vous?

— Je pense, madame, que cet insolent gentilhomme que nous avons fait arrêter par Comminges a fait allusion à M. de Buckingham, que vous laissâtes assassiner; à madame de Chevreuse, que vous laissâtes exiler; à M. de Beaufort, que vous fîtes emprisonner. Mais, s'il a fait allusion à moi, c'est qu'il ne sait pas ce que je suis pour vous.

Anne d'Autriche tressaillit, comme elle faisait lorsqu'on la frappait dans son orgueil.

Elle rougit et enfonça, pour ne pas répondre, ses ongles acérés dans ses belles mains.

— Il est homme de bon conseil, d'honneur et d'esprit, sans compter qu'il est homme de résolution. Vous en savez quelque chose, n'est-ce pas, madame? Je veux donc lui dire (c'est une grâce personnelle que je lui fais), en quoi il s'est trompé à mon égard. C'est que, vraiment, ce qu'on me pro-

— Puisque vous exigez que je me retire, eh bien! je me retirerai. — Page 79.

pose, c'est presque une abdication, et une abdication mérite qu'on y réfléchisse.

— Une abdication! dit Anne; je croyais, monsieur, qu'il n'y avait que les rois qui abdiquaient.

— Eh bien! reprit Mazarin, ne suis-je pas presque roi, et

roi de France, même? Jetée sur le pied d'un lit royal, je vous assure, madame, que ma simarre de ministre ressemble fort, la nuit, à un manteau de roi.

C'était là une des humiliations que lui faisait le plus souvent subir Mazarin, et sous lesquelles elle courbait constamment la tête

Il n'y eut qu'Élisabeth et Catherine II qui restèrent à la fois maîtresses et reines pour leurs amants.

Anne d'Autriche regarda donc avec une sorte de terreur la physionomie menaçante du cardinal, qui, dans ces moments-là, ne manquait pas d'une certaine grandeur.

— Monsieur, dit-elle, n'ai-je point dit et n'avez-vous point entendu que j'ai dit à ces gens-là que vous feriez ce qu'il vous plairait ?

— En ce cas, dit Mazarin, je crois qu'il doit me plaire de demeurer. C'est non-seulement mon intérêt, mais encore j'ose dire que c'est votre salut.

J. A. BEAUCÉ.

PIZER.

Athos, gardé à vue par Comminges, à cheval et sans épée, suivait le cardinal sans dire un seul mot. — PAGE 85.

— Demeurez donc, monsieur, je ne désire pas autre chose ; mais alors ne me laissez pas insulter.

— Vous voulez parler des prétentions des révoltés et du ton dont ils les expriment? Patience! ils ont choisi un terrain sur lequel je suis général plus habile qu'eux : les conférences. Nous les battrons rien qu'en temporisant. Ils ont déjà faim ; ce sera bien pis dans huit jours.

— Eh! mon Dieu! oui, monsieur, je sais que nous finirons par là. Mais ce n'est pas d'eux seulement qu'il s'agit; ce ne sont pas eux qui m'adressent les injures les plus blessantes pour moi.

— Ah! je vous comprends. Vous voulez parler des souvenirs qu'évoquent perpétuellement ces trois ou quatre gentilshommes. Mais nous les tenons prisonniers, et ils sor juste assez coupables pour que nous les laissions en capti- vité tout le temps qui nous conviendra. Un seul est encore hors de notre pouvoir et nous brave. Mais, que diable! nous parviendrons bien à le joindre à ses compagnons. Nous avons fait des choses plus difficiles que cela, ce me semble. J'ai d'abord et par précaution fait enfermer à Rueil, c'est-à- dire près de moi, c'est-à-dire sous mes yeux, à la portée de ma main, les deux plus intraitables. Aujourd'hui même le troisième les y rejoindra.

— Tant qu'ils seront prisonniers, ce sera bien, dit Anne d'Autriche; mais ils sortiront un jour.

— Oui, si Votre Majesté les met en liberté.

— Ah! continua Anne d'Autriche répondant à sa propre pensée, c'est ici qu'on regrette Paris!

— Et pourquoi donc?

— Pour la Bastille, monsieur, qui est si forte et si dis- crète.

— Madame, avec les conférences nous avons la paix, avec la paix nous avons Paris; avec Paris nous avons la Bastille! nos quatre matamores y pourriront.

Anne d'Autriche fronça légèrement le sourcil, tandis que Mazarin lui baisait la main pour prendre congé d'elle.

Mazarin sortit après cet acte moitié humble, moitié ga- lant. Anne d'Autriche le suivit du regard, et, à mesure qu'il s'éloignait, on eût pu voir un dédaigneux sourire se dessi- ner sur ses lèvres.

— J'ai méprisé, murmura-t-elle, l'amour d'un cardinal qui ne disait jamais: « Je ferai, » mais « J'ai fait. » Celui-là connaissait des retraites plus sûres que Rueil, plus sombres et plus muettes encore que la Bastille. Oh! le monde dé- génère!

CHAPITRE XIII.

Après avoir quitté Anne d'Autriche, Mazarin reprit le chemin de Rueil, où était sa maison.

Mazarin marchait fort accompagné, par ces temps de troubles, et souvent même il marchait déguisé.

Le cardinal, nous l'avons déjà dit, sous les habits d'un homme d'épée, était un fort beau gentilhomme.

Dans la cour du vieux château, il monta en carrosse et gagna la Seine à Chatou.

M. le prince lui avait fourni cinquante chevau-légers d'escorte, non pas tant pour le garder encore que pour montrer aux députés combien les généraux de la reine disposaient facilement de leurs troupes et les pouvaient disséminer selon leur caprice.

Athos, gardé à vue par Comminges, à cheval et sans épée, suivait le cardinal sans dire un seul mot.

Grimaud, laissé à la porte du château par son maître, avait entendu la nouvelle de son arrestation quand Athos l'avait criée à Aramis, et, sur un signe du comte, il était allé, sans dire un seul mot, prendre rang près d'Aramis, comme s'il ne se fût rien passé.

Il est vrai que Grimaud, depuis vingt-deux ans qu'il servait son maître, avait vu celui-ci se tirer de tant d'aventures, que rien ne l'inquiétait plus.

Les députés, aussitôt après leur audience, avaient repris le chemin de Paris, c'est-à-dire qu'ils précédaient le cardinal d'environ cinq cents pas.

Athos pouvait donc, en regardant devant lui, voir de dos Aramis, dont le ceinturon doré et la tournure fière fixaient ses regards parmi cette foule, tout autant que l'espoir de délivrance qu'il avait mis en lui, l'habitude, la fréquentation et l'espèce d'attraction qui résulte de toute amitié.

Aramis, au contraire, ne paraissait pas s'inquiéter le moins du monde s'il était suivi par Athos.

Une seule fois, il se retourna.

Il est vrai que ce fut en arrivant au château.

Il supposait que Mazarin laisserait peut-être là son nouveau prisonnier dans le petit château fort, sentinelle qui gardait le pont et qu'un capitaine gouvernait pour la reine.

Mais il n'en fut point ainsi.

Athos passa Chatou à la suite du cardinal.

A l'embranchement du chemin de Paris à Rueil, Aramis se retourna.

Cette fois, ses prévisions ne l'avaient point trompé.

Mazarin prit à droite, et Aramis put voir le prisonnier disparaître au tournant des arbres.

Athos, au même instant, mû par une pensée identique, regarda aussi en arrière.

Les deux amis échangèrent un simple signe de tête, et Aramis porta son doigt à son chapeau comme pour saluer.

Athos seul comprit que son compagnon lui faisait signe qu'il avait une pensée.

Dix minutes après, Mazarin entrait avec sa suite dans la cour du château que le cardinal son prédécesseur avait fait disposer pour lui à Rueil.

Au moment où il mettait pied à terre au bas du perron, Comminges s'approcha de lui.

— Monseigneur, demanda-t-il, où plairait-il à Votre Eminence que nous logions M. de la Fère?

— Mais, au pavillon de l'orangerie, en face du pavillon où est le poste. Je veux qu'on fasse honneur à M. le comte de la Fère, bien qu'il soit le prisonnier de Sa Majesté la reine.

— Monseigneur, hasarda Comminges, il demande la faveur d'être conduit près de M. d'Artagnan. qui occupe, ainsi que Votre Eminence l'a ordonné, le pavillon de chasse en face de l'orangerie.

Mazarin réfléchit un instant.

Comminges vit qu'il se consultait.

— C'est un poste très-fort, ajouta-t-il : quarante hommes sûrs, des soldats éprouvés, presque tous Allemands et par conséquent n'ayant aucune relation avec les frondeurs ni aucun intérêt dans la Fronde.

— Si nous mettions ces trois hommes ensemble, monsou de Comminges, dit Mazarin, il nous faudrait doubler le poste, et nous ne sommes pas assez riches en défenseurs pour faire de ces prodigalités-là.

Comminges sourit.

Mazarin vit ce sourire et le comprit.

— Vous ne les connaissez pas, monsou de Comminges, mais moi je les connais, par eux-mêmes d'abord, puis par tradition. Je les avais chargés de porter secours au roi Charles, et ils ont fait pour le sauver des choses miraculeuses ; il a fallu que la destinée s'en mêlât pour que ce cher roi Charles ne soit pas à cette heure en sûreté au milieu de nous.

— Mais, s'ils ont si bien servi Votre Eminence, pourquoi donc Votre Eminence les tient-elle en prison ?

— En prison ! dit Mazarin ; et depuis quand Rueil est-il une prison ?

— Depuis qu'il y a des prisonniers, dit Comminges.

— Ces messieurs ne sont pas mes prisonniers, Comminges, dit Mazarin en souriant de son rire narquois : ce sont mes hôtes ; hôtes si précieux, que j'ai fait griller les fenêtres et mettre des verrous aux portes des appartements qu'ils habitent, tant je crains qu'ils ne se lassent de me tenir compagnie. Mais tant il y a que, tout prisonniers qu'ils semblent être au premier abord, je les estime grandement ; et la preuve, c'est que je désire rendre visite à M. de la Fère pour causer avec lui en tête à tête. Donc, pour que nous ne soyons pas dérangés dans cette causerie, vous le conduirez, comme je vous l'ai déjà dit, dans le pavillon de l'orangerie ; vous savez que c'est ma promenade habituelle. Eh bien ! en faisant ma promenade, j'entrerai chez lui, et nous causerons. Tout mon ennemi qu'on prétend qu'il est, j'ai de la sympathie pour lui, et, s'il est raisonnable, peut-être en ferons-nous quelque chose.

Comminges s'inclina et revint vers Athos, qui attendait

avec un calme apparent, mais avec une inquiétude réelle. le résultat de la conférence.

— Eh bien? demanda-t-il au lieutenant des gardes.

— Monsieur, répondit Comminges, il paraît que c'est impossible

— Monsieur de Comminges, dit Athos, j'ai toute ma vie été soldat : je sais donc ce que c'est qu'une consigne ; mais, en dehors de cette consigne, vous pourriez me rendre un service

— Je le veux de grand cœur, monsieur, répondit Comminges : depuis que je sais qui vous êtes et quels services vous

— Eh bien! faites-moi donc le plaisir de lui présenter mes civilités et de lui dire que je suis son voisin. — PAGE 86.

avez rendus autrefois à Sa Majesté ; depuis que je sais combien vous touche ce jeune homme qui est si vaillamment venu à mon secours le jour de l'arrestation de ce vieux drôle de Broussel, je me déclare tout vôtre, sauf cependant la consigne.

— Merci, monsieur, je n'en désire pas davantage, et je

vais vous demander une chose qui ne vous compromettra aucunement.

— Si elle ne me compromet qu'un peu, monsieur, dit en souriant M. de Comminges, demandez toujours ; je n'aime pas beaucoup plus que vous M. Mazarini ; je sers la reine, ce qui m'entraîne tout naturellement à servir le cardinal ; mais je sers l'une avec joie et l'autre à contre-cœur. Parlez donc, je vous prie; j'attends et j'écoute.

— Puisqu'il n'y a aucun inconvénient, dit Athos, que je sache que M. d'Artagnan est ici, il n'y en a pas davantage, je présume, à ce qu'il sache que j'y suis moi-même?

— Je n'ai reçu aucun ordre à cet endroit, monsieur.

— Eh bien! faites-moi donc le plaisir de lui présenter mes civilités et de lui dire que je suis son voisin. Vous lui annoncerez en même temps ce que vous m'annonciez tout à l'heure, c'est-à-dire que M. de Mazarin m'a placé dans le pa-

— Je dis, reprit d'Artagnan, que voilà tantôt cent quatre-vingt-trois heures que nous sommes ici — Page 87

villon de l'orangerie pour me pouvoir faire visite, et vous lui direz que je profiterai de cet honneur qu'il me veut bien accorder pour obtenir quelque adoucissement à notre captivité.

— Qui ne peut durer, ajouta Comminges; M. le cardinal me le disait lui-même : il n'y a point ici de prison.

— Il y a les oubliettes, dit en souriant Athos.

— Oh! ceci est autre chose, dit Comminges. Oui, je sais qu'il y a des traditions à ce sujet; mais un homme de petite naissance comme l'est le cardinal, un Italien qui est venu chercher fortune en France, n'oserait se porter à de pareils excès envers des hommes comme nous; ce serait une énormité. C'était bon du temps de l'autre cardinal, qui était un grand seigneur; mais mons Mazarin! alors donc! les oubliettes sont vengeances royales et auxquelles ne doit pas toucher un pleutre comme lui. On sait votre arrestation, on saura bientôt celle de vos amis, monsieur, et toute la noblesse de France lui demanderait compte de votre disparition. Non, non, tranquillisez-vous, les oubliettes de Rueil sont devenues, depuis dix ans, des traditions à l'usage des enfants. Demeurez donc sans inquiétude à cet endroit. De mon côté, je préviendrai M. d'Artagnan de votre arrivée ici. Qui sait si dans quinze jours vous ne me rendrez pas quelque service analogue.

— Moi, monsieur?

— Eh! sans doute; ne puis-je pas, à mon tour, être prisonnier de M. le coadjuteur?

— Croyez bien que dans ce cas, monsieur, dit Athos en s'inclinant, je m'efforcerais de vous plaire.

— Me ferez-vous l'honneur de souper avec moi, monsieur le comte? demanda Comminges.

— Merci, monsieur, je suis de sombre humeur et je vous ferais passer la soirée triste. Merci!

Comminges alors conduisit le comte dans une chambre du rez-de-chaussée d'un pavillon faisant suite à l'orangerie et de plain-pied avec elle.

On arrivait à cette orangerie par une grande cour peuplée de soldats et de courtisans.

Cette cour, qui formait le fer à cheval, avait à son centre les appartements habités par M. de Mazarin, à chacune de ses ailes le pavillon de chasse où était d'Artagnan et le pavillon de l'orangerie où venait d'entrer Athos.

Derrière l'extrémité de ces deux ailes, s'étendait le parc.

Athos, en arrivant dans la chambre qu'il devait habiter, aperçut à travers sa fenêtre soigneusement grillée, des murs et des toits.

— Qu'est-ce que ce bâtiment? dit-il.

— Le derrière du pavillon de chasse où vos amis sont détenus, dit Comminges. Malheureusement, les fenêtres qui donnent de ce côté ont été bouchées du temps de l'autre cardinal, car plus d'une fois les deux bâtiments ont servi de prison, et M. de Mazarin, en vous y enfermant, ne fait que les rendre à leur destination première. Si ces fenêtres n'étaient pas bouchées, vous auriez eu la consolation de correspondre par signes avec vos amis.

— Et vous êtes sûr, monsieur de Comminges, dit Athos, que le cardinal me fera l'honneur de me visiter?

— Il me l'a assuré, du moins, monsieur.

Athos soupira en regardant ces fenêtres grillées.

— Oui, c'est vrai, dit Comminges, c'est presque une prison, rien n'y manque, pas même les barreaux. Mais aussi, quelle singulière idée vous a-t-il pris, à vous qui êtes une fleur de noblesse, d'aller épanouir votre bravoure et votre loyauté parmi tous ces champignons de la Fronde? Vraiment, comte, si j'eusse jamais cru avoir quelque ami dans les rangs de l'armée royale, c'est à vous que j'eusse pensé. Un frondeur, vous! le comte de la Fère, du parti d'un Broussel, d'un Blancmesnil, d'un Viole! Fi donc! cela ferait croire

que madame votre mère était quelque petite robine. Vous un frondeur!

— Ma foi! mon cher monsieur, dit Athos, il fallait être mazarin ou frondeur. J'ai longtemps fait résonner ces deux noms à mon oreille, et je me suis prononcé pour le dernier; c'est un nom français, au moins. Et puis, je suis frondeur, non pas avec M. Broussel, avec M. Blancmesnil et avec M. Viole, mais avec M. de Beaufort, M. de Bouillon et M. d'Elbeuf, avec des princes et non avec des présidents, des conseillers, des robins. D'ailleurs, l'agréable résultat que de servir M. le cardinal! Regardez ce mur sans fenêtres, monsieur de Comminges, et il vous en dira de belles sur la reconnaissance mazarine.

— Oui, reprit en riant Comminges, et surtout s'il répète ce que M. d'Artagnan lui lance depuis huit jours de malédictions.

— Pauvre d'Artagnan! dit Athos avec cette mélancolie charmante qui faisait une des faces de son caractère; un homme si brave, si bon, si terrible à ceux qui n'aiment pas ceux qu'il aime! Vous avez là deux rudes prisonniers, monsieur de Comminges, et je vous plains si l'on a mis sous votre responsabilité ces deux hommes indomptables.

— Indomptables! dit en souriant à son tour Comminges; eh! monsieur, vous voulez me faire peur. Le premier jour de son emprisonnement, M. d'Artagnan a provoqué tous les soldats et tous les bas officiers, sans doute afin d'avoir une épée; cela a duré le lendemain, s'est étendu même jusqu'au surlendemain; mais ensuite il est devenu calme et doux comme un agneau. À présent, il chante des chansons gasconnes qui nous font mourir de rire.

— Et M. du Vallon? demanda Athos.

— Ah! celui-là, c'est autre chose. J'avoue que c'est un gentilhomme effrayant. Le premier jour, il a enfoncé toutes les portes d'un seul coup d'épaule, et je m'attendais à le voir sortir de Rueil comme Samson est sorti de Gaza. Mais son humeur a suivi la même marche que celle de son compagnon M. d'Artagnan. Maintenant, non-seulement il s'accoutume à sa captivité, mais encore il en plaisante.

— Tant mieux! dit Athos, tant mieux!

— En attendiez-vous donc autre chose? demanda Comminges, qui, rapprochant ce qu'avait dit Mazarin de ses prisonniers avec ce qu'en disait le comte de la Fère, commençait à concevoir quelques inquiétudes.

De son côté, Athos réfléchissait que très-certainement cette amélioration dans le moral de ses amis naissait de quelque plan formé par d'Artagnan.

Il ne voulut donc pas leur nuire pour trop les exalter.

— Eux? dit-il, ce sont des têtes inflammables; l'un est Gascon, l'autre Picard; tous deux s'allument facilement, mais s'éteignent vite. Vous en avez eu la preuve, et ce que vous venez de me raconter tout à l'heure fait foi de ce que je vous dis maintenant.

C'était l'opinion de Comminges.

Aussi se retira-t-il plus assuré, et Athos demeura seul dans la vaste chambre, où, suivant l'ordre du cardinal, il fut traité avec les égards dus à un gentilhomme.

Il attendait, au reste, pour se faire une idée précise de sa situation, cette fameuse visite promise par Mazarin lui-même.

CHAPITRE XIV.

Maintenant, passons de l'orangerie au pavillon de chasse.

Au fond de la cour où, par un portique formé de colonnes ioniennes, on découvrait les chenils, s'élevait un bâtiment oblong qui semblait s'étendre comme un bras au devant de cet autre bras, le pavillon de l'orangerie, demi-cercle enserrant la cour d'honneur.

C'est dans ce pavillon, au rez-de-chaussée, qu'étaient renfermés Porthos et d'Artagnan, partageant les longues heures d'une captivité antipathique à ces deux tempéraments.

D'Artagnan se promenait comme un tigre, l'œil fixe, et rugissant parfois sourdement le long des barreaux d'une large fenêtre donnant sur la cour de service.

Porthos ruminait en silence un excellent dîner dont on venait de desservir les restes.

L'un semblait privé de raison, et il méditait.

L'autre semblait méditer profondément, et il dormait.

Seulement, son sommeil était un cauchemar, ce qui pouvait se deviner à la manière incohérente et entrecoupée dont il ronflait.

— Voilà, dit d'Artagnan, le jour qui baisse. Il doit être quatre heures à peu près. Il y a tantôt cent quatre-vingt-trois heures que nous sommes là-dedans.

— Hum! fit Porthos, pour avoir l'air de répondre.

— Entendez-vous, éternel dormeur? dit d'Artagnan impatienté qu'un autre pût se livrer au sommeil le jour, quand il avait, lui, toutes les peines du monde à dormir la nuit.

— Quoi? dit Porthos

— Ce que je dis.

— Que dites-vous?

— Je dis, reprit d'Artagnan, que voilà tantôt cent quatre-vingt-trois heures que nous sommes ici.

— C'est votre faute, dit Porthos.

— Comment! c'est ma faute?..

— Oui, je vous ai offert de nous en aller.

— En descellant un barreau ou en enfonçant une porte?

— Sans doute.

— Porthos, des gens comme nous ne s'en vont pas purement et simplement.

— Ma foi! dit Porthos, moi je m'en irais avec cette pureté et cette simplicité que vous me semblez dédaigner par trop.

D'Artagnan haussa les épaules.

— Et puis, dit-il, ce n'est pas le tout que de sortir de cette chambre.

— Cher ami, dit Porthos, vous me semblez aujourd'hui d'un peu meilleure humeur qu'hier. Expliquez-moi comment ce n'est pas le tout que de sortir de cette chambre.

— Ce n'est pas le tout, parce que, n'ayant ni armes ni mot de passe, nous ne ferons pas cinquante pas dans la cour sans heurter une sentinelle.

— Eh bien! dit Porthos, nous assommerons la sentinelle et nous aurons ses armes.

— Oui, mais, avant d'être assommée tout à fait (cela a la vie dure, très-dure, un Suisse), elle poussera un cri ou tout au moins un gémissement qui fera sortir le poste; nous serons traqués et pris comme des renards, nous qui sommes des lions, et l'on nous jettera dans quelque cul de basse-fosse où nous n'aurons pas même la consolation de voir cet affreux ciel gris de Rueil, qui ne ressemble pas plus au ciel de Tarbes que la lune ressemble au soleil. Mordioux! si nous avions quelqu'un au dehors, quelqu'un qui pût nous donner des renseignements sur la topographie morale et physique de ce château, sur ce que César appelait les *mœurs* et les *lieux*, à ce qu'on m'a dit, du moins... Eh! quand on pense que, durant vingt ans, pendant lesquels je ne savais que faire, je n'ai point eu l'idée d'occuper une de ces heures-là à venir étudier Rueil.

— Qu'est-ce que ça fait? dit Porthos, allons-nous-en toujours.

— Mon cher, dit d'Artagnan, savez-vous pourquoi les maîtres pâtissiers ne travaillent jamais de leurs mains?

— Non, dit Porthos, mais je serais flatté de le savoir.

— C'est que devant leurs élèves ils craindraient de faire quelques tartes trop rôties ou quelques crèmes tournées.

— Après?

— Après on se moquerait d'eux, et il ne faut jamais qu'on se moque des maîtres pâtissiers.

— Et pourquoi les maîtres pâtissiers à propos de nous.

— Parce que nous ne devons, en fait d'aventures, jamais n'avoir d'échec ni prêter à rire de nous. Mais écoutez-moi, Porthos : quoique M. Mordaunt ne fût pas à mépriser, M. de Mazarin me paraît bien autrement fort que M. Mordaunt, et nous ne le noierons pas aussi facilement. Observons-nous donc bien et jouons serré, car, ajouta d'Artagnan avec un soupir, à nous deux, nous en valons huit autres peut-être, mais nous ne valons pas les quatre que vous savez.

— C'est vrai, dit Porthos en correspondant par un soupir au soupir de d'Artagnan.

— Eh bien! Porthos, faites comme moi, promenez-vous de long en large jusqu'à ce qu'une nouvelle de nos amis nous arrive ou qu'une bonne idée nous vienne; mais ne dormez pas toujours comme vous faites : il n'y a rien qui alourdisse l'esprit comme le sommeil. Quant à ce qui nous attend, c'est peut-être moins grave que nous ne le pensions d'abord. Je ne crois pas que M. de Mazarin songe à nous faire couper la tête, parce qu'on ne nous couperait pas la tête sans procès, que le procès ferait du bruit, que le bruit attirerait nos amis, et qu'alors ils ne laisseraient pas faire M. de Mazarin.

— Que vous raisonnez bien! dit Porthos avec admiration.

— Mais oui, pas mal, dit d'Artagnan. Et puis, voyez-vous, si l'on ne nous fait pas notre procès, si l'on ne nous coupe pas la tête, il faut qu'on nous garde ici ou qu'on nous transporte ailleurs.

— Oui, il le faut nécessairement, dit Porthos.

— Eh bien! il est impossible que maître Aramis, ce fin limier, et qu'Athos, ce sage gentilhomme, ne découvrent pas notre retraite; alors, ma foi, il sera temps.

— Oui, d'autant plus qu'on n'est pas absolument mal ici, à l'exception d'une chose, cependant.

— Seriez-vous aise de savoir que M. le comte de la Fère se porte bien? répondit Comminges. — Page 89.

— De laquelle?

— Avez-vous remarqué, d'Artagnan, qu'on nous a donné du mouton braisé trois jours de suite?

— Non, mais, s'il s'en présente une quatrième fois, je m'en plaindrai, soyez tranquille.

— Et puis, quelquefois ma maison me manque; il y a bien longtemps que je n'ai visité mes châteaux.

— Bah! oubliez-les momentanément; nous les retrouverons, à moins que M. de Mazarin ne les ait fait raser.

— Croyez-vous qu'il se soit permis cette tyrannie? demanda Porthos avec inquiétude.

— Non ; c'était bon pour l'autre cardinal, ces résolutions-là. Le nôtre est trop mesquin pour risquer de pareilles choses.

— Vous me tranquillisez, d'Artagnan

— Eh bien ! alors, faites bon visage comme je fais ; plaisantons avec les gardiens ; intéressons les soldats, puisque nous ne pouvons les corrompre ; cajolez-les plus que vous ne faites, Porthos, quand ils viendront sous nos barreaux Jusqu'à présent vous n'avez fait que leur montrer le poing.

J.A.BEAUCE.						GERARD. SC

— Oh! murmura Porthos, je n'aurais jamais cru cela de sa part. Comme l'infortune vous abat un homme ! — Page 91.

et, plus votre poing est respectable, Porthos, moins il est attirant. Ah! je donnerais beaucoup pour avoir cinq cents louis seulement.

— Et moi aussi, dit Porthos, qui ne voulait point demeu-

rer en reste de générosité avec d'Artagnan, je donnerais bien... cent pistoles.

Les deux prisonniers en étaient là de leur conversation quand Comminges entra, précédé d'un sergent et de deux

5											12

hommes qui portaient le souper dans une manne remplie de bassins et de plats.

— Bon! dit Porthos, encore du mouton!

— Mon cher monsieur de Comminges, dit d'Artagnan, vous saurez que mon ami, M. du Vallon, est décidé à se porter aux plus dures extrémités si M. de Mazarin s'obstine à le nourrir de cette sorte de viande.

— Je déclare même, dit Porthos, que je ne mangerai de rien autre chose si on ne l'emporte pas.

— Emportez le mouton, dit Comminges, je veux que M. du Vallon soupe agréablement, d'autant plus que j'ai à lui annoncer une nouvelle qui, j'en suis sûr, va lui donner de l'appétit.

— M. de Mazarin serait-il trépassé? demanda Porthos.

— Non, j'ai même le regret de vous annoncer qu'il se porte à merveille.

— Tant pis! dit Porthos.

— Et quelle est cette nouvelle? demanda d'Artagnan. C'est du fruit si rare qu'une nouvelle en prison, que vous excuserez, je l'espère, mon impatience, n'est-ce pas, monsieur de Comminges? d'autant plus que vous nous avez laissé entendre que la nouvelle était bonne.

— Seriez-vous aise de savoir que M. le comte de la Fère se porte bien? répondit Comminges.

Les petits yeux de d'Artagnan s'ouvrirent démesurément.

— Si j'en serais aise! s'écria-t-il, j'en serais plus qu'aise, j'en serais heureux!

— Eh bien! je suis chargé par lui-même de vous présenter tous ses compliments et de vous dire qu'il est en bonne santé.

D'Artagnan faillit bondir de joie.

Un coup d'œil traduisit à Porthos sa pensée.

— Si Athos sait où nous sommes, disait ce regard, s'il nous fait parler, avant peu Athos agira.

Porthos n'était pas très-habile à comprendre les coups d'œil.

Mais, cette fois, comme il avait au nom d'Athos éprouvé la même impression que d'Artagnan, il comprit.

— Mais, demanda timidement le Gascon, M. le comte de la Fère, dites-vous, vous a chargé de ses compliments pour M. du Vallon et moi?

— Oui, monsieur.

— Vous l'avez donc vu?

— Sans doute.

— Où cela, sans indiscrétion?

— Bien près d'ici, répondit Comminges en souriant.

— Bien près d'ici! répéta d'Artagnan, dont les yeux étincelèrent.

— Si près, que, si les fenêtres qui donnent dans l'orangerie n'étaient pas bouchées, vous le pourriez voir de la place où vous êtes.

— Il rôde aux environs du château, pensa d'Artagnan.

Puis tout haut :

— Vous l'avez rencontré à la chasse, dit-il, dans le parc peut-être?

— Non pas, plus près, plus près encore. Tenez, derrière ce mur, dit Comminges en frappant contre le mur.

— Derrière ce mur! Qu'y a-t-il donc, derrière ce mur? On m'a amené ici de nuit, de sorte que le diable m'emporte si je sais où je suis.

— Eh bien! dit Comminges, supposez une chose.

— Je supposerai tout ce que vous voudrez.

— Supposez qu'il y ait une fenêtre à ce mur.

— Eh bien?

— Eh bien! de cette fenêtre vous verriez M. de la Fère à la sienne.

— M. de la Fère est donc logé au château?

— Oui.

— A quel titre?

— Au même titre que vous.

— Athos est prisonnier?

— Vous savez bien, dit en riant Comminges, qu'il n'y a pas de prisonniers à Rueil, puisqu'il n'y a pas de prison.

— Ne jouons pas sur les mots, monsieur. Athos a été arrêté?

— Hier, à Saint-Germain, en sortant de chez la reine.

Les bras de d'Artagnan retombèrent inertes à son côté.

On eût dit qu'il était foudroyé.

La pâleur courut comme un nuage blanc sur son teint bruni, mais disparut presque aussitôt.

— Prisonnier! répéta-t-il.

— Prisonnier! répéta après lui Porthos abattu.

Tout à coup d'Artagnan releva la tête, et l'on vit luire en ses yeux un éclair imperceptible pour Porthos lui-même.

Puis, le même abattement qui l'avait précédé suivit cette fugitive lueur.

— Allons, allons! dit Comminges, qui avait un sentiment réel d'affection pour d'Artagnan depuis le service signalé que celui-ci lui avait rendu le jour de l'arrestation de Broussel en le tirant des mains des Parisiens; allons, ne vous désolez pas, je n'ai pas prétendu vous apporter une triste nouvelle, tant s'en faut. Par la guerre qui court, nous sommes tous des êtres incertains. Riez donc du hasard qui rapproche votre ami de vous et de M. du Vallon, au lieu de vous désespérer

Mais cette invitation n'eut aucune influence sur d'Artagnan, qui conserva son air lugubre.

— Et quelle mine faisait-il? demanda Porthos, qui, voyant que d'Artagnan laissait tomber la conversation, en profita pour placer son mot.

— Mais, fort bonne mine, dit Comminges. D'abord, comme vous, il avait paru assez désespéré; mais, quand il a su que M. le cardinal devait lui faire visite ce soir même...

— Ah! fit d'Artagnan, M. le cardinal doit faire visite au comte de la Fère?

— Oui, il l'en a fait prévenir, et M. le comte de la Fère, en apprenant cette nouvelle, m'a chargé de vous dire, à vous, qu'il profiterait de cette faveur que lui faisait le cardinal pour plaider votre cause et la sienne.

— Ah! ce cher comte! dit d'Artagnan.

— Belle affaire! grogna Porthos, grande faveur! Pardieu! M. le comte de la Fère, dont la famille a été alliée aux Montmorency et aux Rohan, vaut bien M. de Mazarin.

— N'importe, dit d'Artagnan avec son ton le plus câlin, en y réfléchissant, mon cher du Vallon, c'est beaucoup d'honneur pour M. le comte de la Fère, c'est surtout beaucoup d'espérance à concevoir : une visite! et même, à mon avis, c'est un honneur si grand pour un prisonnier, que je crois que M. de Comminges se trompe.

— Comment! je me trompe!

— Ce sera non pas M. de Mazarin qui ira visiter le comte de la Fère, mais M. le comte de la Fère qui sera appelé par M. de Mazarin.

— Non, non, non, dit Comminges, qui tenait à rétablir les faits dans toute leur exactitude. J'ai parfaitement entendu ce que m'a dit M. le cardinal. Ce sera lui qui ira visiter le comte de la Fère.

D'Artagnan essaya de surprendre un des regards de Porthos pour savoir si son compagnon comprenait l'importance de cette visite; mais Porthos ne regardait pas même de son côté.

— C'est donc l'habitude de M. le cardinal de se promener dans son orangerie? demanda d'Artagnan.

— Chaque soir il s'y enferme, dit Comminges. Il paraît que c'est là qu'il médite sur les affaires de l'État.

— Alors, dit d'Artagnan, je commence à croire que M. de la Fère recevra la visite de Son Éminence; d'ailleurs, il se fera accompagner, sans doute?

— Oui, par deux soldats.

— Et il causera ainsi d'affaires devant deux étrangers?

— Les soldats sont des Suisses des petits cantons et ne parlent qu'allemand. D'ailleurs, selon toute probabilité, ils attendront à la porte.

D'Artagnan s'enfonçait les ongles dans les paumes des mains pour que son visage n'exprimât pas autre chose que ce qu'il voulait lui permettre d'exprimer.

— Que M. Mazarin prenne garde d'entrer ainsi seul chez M. le comte de la Fère, dit d'Artagnan, car le comte de la Fère doit être furieux.

Comminges se mit à rire.

— Ah çà! mais, en vérité, on dirait que vous êtes des anthropophages! M. de la Fère est courtois, il n'a point d'armes d'ailleurs; au premier cri de Son Éminence, les deux soldats qui l'accompagnent toujours accourraient.

— Deux soldats? dit d'Artagnan, paraissant rappeler ses souvenirs; deux soldats, oui; c'est donc cela que j'entends appeler deux hommes chaque soir et que je les vois se promener pendant une demi-heure quelquefois sous ma fenêtre.

— C'est cela : ils attendent le cardinal, ou plutôt Bernouin, qui vient les appeler quand le cardinal sort.

— Beaux hommes, ma foi! dit d'Artagnan.

— C'est le régiment qui était à Lens, et que M. le Prince a donné au cardinal pour lui faire honneur.

— Ah! monsieur, dit d'Artagnan comme pour résumer d'un mot toute cette longue conversation, pourvu que Son Éminence s'adoucisse et accorde notre liberté à M. de la Fère?

— Je le désire de tout mon cœur, dit Comminges.

— Alors, s'il oubliait cette visite, vous ne verriez aucun inconvénient à la lui rappeler?

— Aucun; au contraire.

— Ah! voilà qui me tranquillise un peu.

Cet habile changement de conversation eût paru une manœuvre sublime à quiconque eût pu lire dans l'âme du Gascon.

— Maintenant, continua-t-il, une dernière grâce, je vous prie, mon cher monsieur de Comminges.

— Tout à votre service, monsieur.

— Vous reverrez M. le comte de la Fère?

— Demain matin.

— Voulez-vous lui souhaiter le bonjour pour nous, et lui dire qu'il sollicite pour moi la même faveur qu'il aura obtenue?

— Vous désirez que M. le cardinal vienne ici?

— Non; je me connais, et je ne suis point si exigeant. Que Son Éminence me fasse l'honneur de m'entendre, c'est tout ce que je désire.

— Oh! murmura Porthos en secouant la tête, je n'aurais jamais cru cela de sa part. Comme l'infortune vous abat un homme!

— Cela sera fait, dit Comminges.

— Assurez aussi le comte que je me porte à merveille et que vous m'avez vu triste, mais résigné.

— Vous me plaisez, monsieur, en disant cela.

— Vous direz la même chose pour M. du Vallon.

— Pour moi? non pas! s'écria Porthos. Moi, je ne suis pas résigné du tout.

— Mais vous vous résignerez, mon ami.

— Jamais !

— Il se résignera, monsieur de Commingea. Je le connais mieux qu'il ne se connaît lui-même, et je lui sais mille ex-cellentes qualités qu'il ne se soupçonne même pas. Taisez-vous, cher du Vallon, et résignez-vous.

— Adieu, messieurs, dit Commingea. Bonne nuit !

— Nous y tâcherons.

— Oh ! oh ! dit Porthos, qu'y a-t-il donc ? Est-ce que vous devenez fou, mon pauvre ami ?

Commingea salua et sortit.

D'Artagnan le suivit des yeux dans la même posture humble et avec le même visage résigné.

Mais à peine la porte fut-elle refermée sur le capitaine des gardes, que, s'élançant vers Porthos, il le serra dans ses bras avec une expression de joie sur laquelle il n'y avait pas à se tromper.

— Oh ! oh ! dit Porthos, qu'y a-t-il donc ? Est-ce que vous devenez fou, mon pauvre ami ?

— Il y a, dit d'Artagnan, il y a que nous sommes sauvés !

— Je ne vois pas cela le moins du monde, dit Porthos; je vois, au contraire, que nous sommes tous pris, à l'exception d'Aramis, et que nos chances de sortir sont diminuées depuis qu'un de plus est entré dans la souricière de M. de Mazarin.

— Pas du tout, Porthos, mon ami; cette souricière était suffisante pour deux, elle devient trop faible pour trois.

— Eh bien ! fit d'Artagnan au bout d'un instant. — Page 94.

— Je ne comprends pas du tout, dit Porthos

— Inutile, dit d'Artagnan, mettons-nous à table et prenons des forces, nous en aurons besoin pour la nuit.

— Que ferons-nous donc cette nuit? demanda Porthos de plus en plus intrigué.

— Nous voyagerons probablement.

— Mais...

— Mettons-nous à table, mon cher ami, les idées me viennent en mangeant. Après le souper, quand mes idées seront au grand complet, je vous les communiquerai.

Quelque désir qu'eût Porthos d'être mis au courant du projet de d'Artagnan, comme il connaissait les façons de faire de ce dernier, il se mit à table sans insister davantage, et mangea avec un appétit qui faisait honneur à la confiance que lui inspirait l'imaginative de d'Artagnan.

CHAPITRE XV.

LE BRAS ET L'ESPRIT

Le souper fut silencieux, mais non pas triste, car de temps en temps un de ces fins sourires qui lui étaient habituels dans ses moments de bonne humeur illuminait le visage de d'Artagnan.

Porthos ne perdait pas un de ces sourires, et à chacun d'eux, il poussait quelque exclamation qui indiquait à son ami que, quoiqu'il ne la comprît pas, il n'abandonnait pas de vue la pensée qui roulait dans son cerveau.

Au dessert, d'Artagnan se renversa sur sa chaise, croisa une jambe sur l'autre et se dandina de l'air d'un homme parfaitement satisfait de lui-même.

Porthos appuya son menton sur ses deux mains, posa ses deux coudes sur la table et regarda d'Artagnan avec ce regard confiant qui donnait à ce colosse une si admirable expression de bonhomie.

— Eh bien? fit d'Artagnan au bout d'un instant.

— Eh bien? répéta Porthos.

— Vous disiez donc, cher ami?...

— Moi, je ne disais rien.

— Si fait : vous disiez que vous aviez envie de vous en aller d'ici.

— Ah! pour cela, oui, ce n'est point l'envie qui me manque.

— Et vous ajoutiez que, pour vous en aller d'ici, il ne s'agissait que de desceller une porte ou une muraille.

— C'est vrai, je disais cela, et même je le dis encore.

— Et moi je vous répondais, Porthos, que c'était un mauvais moyen, et que nous ne ferions point cent pas sans être repris et assommés, à moins que nous n'eussions des habits pour nous déguiser et des armes pour nous défendre.

— C'est vrai, il nous faudrait des habits et des armes.

— Eh bien! dit d'Artagnan en se levant, nous les avons, ami Porthos, et même quelque chose de mieux.

— Bah! dit Porthos en regardant autour de lui.

— Ne cherchez pas, c'est inutile, tout cela viendra nous trouver au moment voulu. A quelle heure à peu près avons-nous vu se promener hier les deux gardes suisses?

— Une heure, je crois, après que la nuit a été tombée.

— S'ils sortent aujourd'hui comme hier, nous ne serons donc pas un quart d'heure à attendre le plaisir de les voir.

— Le fait est que nous serons un quart d'heure tout au plus.

— Vous avez toujours le bras assez bon, n'est-ce pas, Porthos?

Porthos déboutonna sa manche, releva sa chemise et regarda avec complaisance ses bras nerveux, gros comme la cuisse d'un homme ordinaire.

— Mais oui, dit-il, assez bon.

— De sorte que vous feriez sans trop vous gêner, un cerceau de cette pincette et un tire-bouchon de cette pelle?

— Certainement, dit Porthos.

— Voyons, dit d'Artagnan.

Le géant prit les deux objets désignés, et opéra avec la plus grande facilité et sans aucun effort apparent les deux métamorphoses désignées par son compagnon.

— Voilà! dit-il.

— Magnifique! dit d'Artagnan, et véritablement vous êtes doué, Porthos.

— J'ai entendu parler, dit Porthos, d'un certain Milon de Crotone qui faisait des choses fort extraordinaires, comme de serrer son front avec une corde et de la faire éclater, de tuer un bœuf d'un coup de poing et de l'emporter chez lui sur ses épaules, d'arrêter un cheval par les pieds de derrière, etc., etc. Je me suis fait raconter toutes ces prouesses là-bas, à Pierrefonds, et j'ai fait tout ce qu'il faisait, excepté de briser une corde en renflant mes tempes.

— C'est que votre force n'est pas dans votre tête, Porthos, dit d'Artagnan.

— Non, elle est dans mes bras et dans mes épaules, répondit naïvement Porthos.

— Eh bien! mon ami, approchons-nous de la fenêtre et servez-vous de votre force pour desceller un barreau. Attendez que j'éteigne la lampe.

Porthos s'approcha de la fenêtre, prit un barreau à deux mains, s'y cramponna, l'attira vers lui et le fit plier comme un arc, si bien que les deux bouts sortirent de l'alvéole de pierre où depuis trente ans le ciment les tenait scellés.

— Eh bien! mon ami, dit d'Artagnan, voilà ce que n'aurait jamais pu faire le cardinal, tout homme de génie qu'il est.

— Faut-il en arracher d'autres? demanda Porthos.

— Non pas, celui-ci nous suffira, un homme peut passer maintenant.

Porthos essaya et sortit son torse tout entier.

— Oui, dit-il.

— En effet, c'est une assez jolie ouverture. Maintenant, passez votre bras.

— Par où?

— Par cette ouverture.

— Pourquoi faire?

— Vous le saurez tout à l'heure. Passez toujours.

Porthos obéit, docile comme un soldat, et passa son bras à travers les barreaux.

— A merveille, dit d'Artagnan.

— Il paraît que cela marche?

— Sur des roulettes, cher ami.

— Bon. Maintenant, que faut-il que je fasse?

— Rien.

— C'est donc fini?

— Pas encore.

— Je voudrais cependant bien comprendre, dit Porthos.

— Écoutez, cher ami, et en deux mots vous serez au fait. La porte du poste s'ouvre, comme vous voyez.

— Oui, je vois.

— On va envoyer dans notre cour, que traverse M. de Mazarin pour se rendre à l'orangerie, les deux gardes qui l'accompagnent.

— Les voilà qui sortent.

— Pourvu qu'ils referment la porte du poste! Bon! ils la referment.

— Après?

— Silence! ils pourraient nous entendre.

— Je ne saurai rien, alors.

— Si fait, car à mesure que vous exécuterez, vous comprendrez.

— Cependant, j'aurais préféré...

— Vous aurez le plaisir de la surprise.

— Tiens, c'est vrai, dit Porthos.

— Chut !

Porthos demeura muet et immobile...

En effet, les deux soldats s'avançaient du côté de la fenêtre en se frottant les mains, car on était, comme nous l'avons
dit, au mois de février, et il faisait froid.

En ce moment, la porte du corps de garde se rouvrit et
l'on rappela un des soldats...

Le soldat quitta son camarade et rentra dans le corps de
garde.

— Cela va donc toujours ? dit Porthos.

— Mieux que jamais, répondit d'Artagnan. Maintenant,
écoutez. Je vais appeler ce soldat et causer avec lui,
comme j'ai fait hier avec un de ses camarades, vous rappelez-vous ?

Bon, dit Porthos, encore du mouton.

— Oui ; seulement je n'ai pas entendu un mot de ce qu'il
disait.

— Le fait est qu'il avait un accent un peu prononcé. Mais
ne perdez pas un mot de ce que je vais vous dire : tout est
dans l'exécution, Porthos.

— Bon ! l'exécution, c'est mon fort.

— Je le sais pardieu bien ; aussi je compte sur vous.

— Dites.

— Je vais donc appeler le soldat et causer avec lui.

— Vous l'avez déjà dit.

— Je me tournerai à gauche, de sorte qu'il sera placé,
lui, à votre droite au moment où il montera sur le banc.

— Mais, s'il n'y monte pas ?

— Il y montera, soyez tranquille. Au moment où il montera sur le banc, vous allongerez votre bras formidable et le
saisirez au cou. Puis, l'enlevant comme Tobie enleva le poisson par les ouïes, vous l'introduirez dans notre chambre,
en ayant soin de serrer assez fort pour l'empêcher de
crier.

— Oui, dit Porthos; mais si je l'étrangle?

— D'abord, ce ne sera qu'un Suisse de moins; mais vous ne l'étranglerez pas, je l'espère. Vous le déposerez tout doucement ici, et nous le bâillonnerons et l'attacherons, peu importe où. Quelque part enfin. Cela nous fera d'abord un habit d'uniforme et une épée.

— Merveilleux! dit Porthos en regardant d'Artagnan avec la plus profonde admiration.

— Un ferre de fin, il serait le pien fenu. — PAGE 98.

— Hein! fit le Gascon.

— Oui, reprit Porthos en se ravisant. Mais un habit d'uniforme et une épée, ce n'est pas assez pour deux.

— Eh bien! est-ce qu'il n'a pas son camarade?

— C'est juste, dit Porthos.

— Donc, quand je tousserai, allongez le bras, il sera temps.

— Bon!

Les deux amis prirent chacun le poste indiqué.

Placé comme il l'était, Porthos se trouvait entiérement caché dans l'angle de la fenêtre.

— Bonsoir, camarade, dit d'Artagnan de sa voix la p us charmante et dans son diapason le plus modéré.

— Ponsoir, monsir, répondit le soldat.

— Il ne fait pas chaud a se promener, dit d'A·ta-gnan.

— Brrrroun! fit le soldat.

— Et je crois qu'un verre de vin ne vous serait pas dés-agréable?

— Un ferre de fin, il serait le pien fenu.

— Le poisson mord! le poisson mord! murmura d'Arta-gnan à Porthos.

— Je comprends, dit Porthos.

— J'en ai là une bouteille, dit d'Artagnan.

— Une pouteille!

— Oui.

— Une pouteille bleine?

— Tout entière, et elle est à vous si vous voulez boire à ma santé.

— Ehé! moi fouloir pien, dit le soldat en s'appro-chant.

— Allons, venez la prendre, mon ami, dit le Gas-con.

— Pien folontiers. Ché grois qu'il y a un panc.

— Oh! mon Dieu oui; on dirait qu'il a été placé là ex-près. Montez dessus... Là, bien, c'est cela, mon ami.

Et d'Artagnan toussa.

Au même instant, le bras de Porthos s'abattit.

Son poignet d'acier mordit, rapide comme l'éclair et ferme comme une tenaille, le cou du soldat, l'enleva en l'étouffant, l'attira à lui par l'ouverture, au risque de l'écorcher en pas-sant, et le déposa sur le parquet, où d'Artagnan, en lui lais-sant tout juste le temps de reprendre sa respiration, le bâil-lonna avec son écharpe, et, aussitôt bâillonné, se mit à le déshabiller avec la promptitude et la dextérité d'un homme qui a appris son métier sur le champ de bataille.

Puis, le soldat garrotté et bâillonné fut porté dans l'âtre, dont nos amis avaient préalablement éteint la flamme.

— Voici toujours une épée et un habit, dit Porthos.

— Je les prends, dit d'Artagnan. Si vous voulez un autre habit et une autre épée, il faut recommencer le tour. Atten-tion! Je vois justement l'autre soldat qui sort du corps de garde et qui vient de ce côté.

— Je crois, dit Porthos, qu'il serait imprudent de recom-mencer pareille manœuvre. On ne réussit pas deux fois, à ce qu'on assure, par le même moyen. Si je le manquais, tout serait perdu. Je vais descendre, le saisir au mo-ment qu'il ne se défiera pas, et je vous l'offrirai tout bâil-lonné.

— C'est mieux, répondit le Gascon.

— Tenez-vous prêt, dit Porthos en se laissant glisser par l'ouverture.

La chose s'effectua comme Porthos l'avait promis.

Le géant se cacha sur son chemin, et, lorsque le soldat passa devant lui, il le saisit au cou, le bâillonna, le poussa pareil à une momie à travers les barreaux élargis de la fenê-tre et rentra derrière lui.

On déshabilla le second prisonnier comme on avait dés-habillé l'autre.

On le coucha sur le lit, on l'assujettit avec des sangles, et, comme le lit était de chêne massif et que les sangles étaient doublées, on fut non moins tranquille sur celui-là que sur le premier.

— Là, dit d'Artagnan, voici qui va à merveille. Mainte-nant, essayez-moi l'habit de ce gaillard-là, Porthos. Je doute qu'il vous aille; mais, s'il vous est par trop étroit, ne vous inquiétez point, le baudrier vous suffira, et surtout le cha-peau à plumes rouges.

Il se trouva par hasard que le second soldat était un Suisse gigantesque, de sorte que, à l'exception de quelques points qui craquèrent dans les coutures, tout alla le mieux du monde.

Pendant quelque temps, on n'entendit que le froissement du drap, Porthos et d'Artagnan s'habillant à la hâte.

— C'est fait, dirent-ils en même temps. Quant à vc compagnons, ajoutèrent-ils en se retournant vers les soldats, il ne vous arrivera rien si vous êtes bien gen mais, si vous bougez, vous êtes morts.

Les soldats se tinrent cois.

Ils avaient compris au poignet de Porthos que la ch était des plus sérieuses, et qu'il n'était pas le moins monde question de plaisanter.

— Maintenant, dit d'Artagnan, vous ne seriez pas fâc de comprendre, n'est-ce pas, Porthos?

— Mais oui, pas mal.

— Eh bien! nous descendons dans la cour.

— Oui.

— Nous prenons la place de ces deux gaillards-là.

— Bien.

— Nous nous promenons de long en large.

— Et ce sera bien vu, attendu qu'il ne fait pas chaud

— Dans un instant, le valet de chambre appelle com hier et avant-hier le service.

— Nous répondons.

— Non, nous ne répondons pas, au contraire.

— Comme vous voudrez. Je ne tiens pas à répondre.

— Nous ne répondons donc pas; nous enfonçons so notre chapeau sur notre tête et nous escortons Eminence.

— Où cela?

— Où elle va, chez ..thos. Croyez-vous qu'il de nous voir?

— Oh! s'écria Porthos, oh! je comprends!

— Attendez pour vous écrier, Porthos; car, sur ma parole, vous n'êtes pas au bout, dit le Gascon tout goguenard.

— Que va-t-il donc arriver? dit Porthos.

— Suivez-moi, répondit d'Artagnan. Qui vivra verra.

Et, passant par l'ouverture, il se laissa légèrement glisser dans la cour.

Porthos le suivit par le même chemin, quoique avec plus de peine et moins de diligence.

On entendait frissonner de peur les deux soldats liés dans la chambre.

A peine d'Artagnan et Porthos eurent-ils touché terre, qu'une porte s'ouvrit et que la voix du valet de chambre cria :

— Le service!

En même temps, le poste s'ouvrit à son tour et une voix cria :

— La Bruyère et du Barthois, partez!

— Il paraît que je m'appelle la Bruyère, dit d'Artagnan.

— Et moi, du Barthois.

— Où êtes-vous? demanda le valet de chambre, dont les yeux éblouis par la lumière ne pouvaient sans doute distinguer nos deux héros dans l'obscurité.

— Nous foici, dit d'Artagnan.

Puis se tournant vers Porthos :

— Que dites-vous de cela, monsieur du Vallon?

— Ma foi, pourvu que cela dure, je dis que c'est joli.

CHAPITRE XVI.

LES OUBLIETTES DE M. DE MAZARIN.

Les deux soldats improvisés marchèrent gravement derrière le valet de chambre; il leur ouvrit une porte de ves-

tibule, puis une autre qui semblait être celle d'un salon
d'attente, et leur montrant deux tabourets

— La consigne est bien simple, leur dit-il, ne laissez entrer qu'une personne ici, une seule, entendez-vous bien? pas
davantage; à cette personne obéissez en tout. Quant au retour, il n'y a pas à vous tromper, vous attendrez que je
vous relève.

J.A.BEAUCE.   QUICHON.

— La consigne est bien simple, leur dit-il, ne laissez entrer qu'une personne ici, une seule, entendez-vous bien?

D'Artagnan était fort conn.. . ce valet de chambre, qui
n'était autre que Bernouin, qui, depuis six ou huit mois, l'a-
vait introduit une dizaine de fois près du cardinal.

Il se contenta donc, au lieu de répondre, de grommeler
le la le moins gascon et le plus allemand possible.

Quant à Porthos, d'Artagnan avait exigé et obtenu de lui
la promesse qu'en aucun cas il ne parlerait.

S'il était poussé à bout, il lui était permis de pro-
férer pour toute réponse le *tarteifle* proverbial et solennel.

Bernouin s'éloigna en fermant les portes.

— Oh ! oh ! dit Porthos en entendant la clef dans la serrure, il paraît qu'ici c'est de mode d'enfermer les gens. Nous n'avons fait, ce me semble, que troquer de prison : seulement, au lieu d'être prisonniers là-bas, nous le sommes dans l'orangerie. Je ne sais pas si nous y avons gagné.

— Porthos, mon ami, dit tout bas d'Artagnan, ne doutez pas de la Providence, et laissez-moi méditer et réfléchir.

Les gonds de la porte crièrent... et un homme parut en habit de cavalier. — PAGE 102.

— Méditez et réfléchissez donc, dit Porthos de mauvaise humeur en voyant que les choses tournaient ainsi au lieu de tourner autrement.

— Nous avons marché quatre-vingts pas, murmura d'Artagnan; nous avons monté six marches; c'est donc ici, comme l'a dit tout à l'heure mon illustre ami du Vallon,

cet autre pavillon parallèle au nôtre, et qu'on désigne sous le nom de pavillon de l'orangerie. Le comte de la Fère ne doit donc pas être loin : seulement, les portes sont fermées.

— Voilà une belle difficulté ! dit Porthos, et avec un coup d'épaule...

— Pour Dieu! Porthos, mon ami, dit d'Artagnan, ménagez vos tours de force, ou ils n'auront plus, dans l'occasion, toute la valeur qu'ils méritent : n'avez vous pas entendu qu'il va venir ici quelqu'un?

— Si fait.

— Eh bien! ce quelqu'un nous ouvrira les portes.

— Mais, mon cher, dit Porthos, si ce quelqu'un nous reconnaît, si ce quelqu'un, en nous reconnaissant, se met à crier, nous sommes perdus; car enfin vous n'avez pas le dessein, j'imagine, de me faire assommer ou étrangler cet homme d'église. Ces manières-là sont bonnes envers les Anglais et les Allemands.

— Oh! Dieu m'en préserve et vous aussi, dit d'Artagnan. Le jeune roi nous en aurait peut-être quelque reconnaissance; mais la reine ne nous le pardonnerait pas, et c'est elle qu'il faut ménager; puis d'ailleurs, du sang inutile, jamais! au grand jamais! J'ai mon plan. Laissez-moi donc faire, et nous allons rire.

— Tant mieux, dit Porthos, j'en éprouve le besoin.

— Chut! dit d'Artagnan, voici le quelqu'un annoncé.

On entendit alors dans la salle précédente, c'est-à-dire dans le vestibule, le retentissement d'un pas léger.

Les gonds de la porte crièrent, et un homme parut en habit de cavalier, enveloppé d'un manteau brun, un large feutre rabattu sur ses yeux et une lanterne à la main.

Porthos s'effaça contre la muraille, mais il ne put tellement se rendre invisible que l'homme au manteau ne l'aperçût.

Il lui présenta sa lanterne et lui dit :

— Allumez la lampe du plafond

Puis s'adressant à d'Artagnan

— Vous savez la consigne? dit-il.

— Ia, répliqua le Gascon, déterminé à se borner à cet échantillon de la langue allemande.

— Tedesco, fit le cavalier. Va bene.

Et, s'avançant vers la porte située en face de celle par laquelle il était entré, il l'ouvrit et disparut derrière elle en la refermant.

— Et maintenant, dit Porthos, que ferons-nous?

— Maintenant, nous nous servirons de notre épaule; cette porte est fermée, ami Porthos. Chaque chose a son temps, et tout vient à propos pour qui sait attendre. Mais d'abord barricadons la première porte d'une façon convenable, et ensuite nous suivrons ce cavalier.

— Les deux amis se mirent aussitôt à la besogne et embarrassèrent la porte de tous les meubles qui se trouvèrent dans la salle, embarras qui rendait le passage d'autant plus impraticable, que la porte s'ouvrait en dedans.

— Là, dit d'Artagnan, nous voilà sûrs de ne pas être surpris par derrière. Allons en avant.

On arriva à la porte par laquelle avait disparu Mazarin

Elle était fermée

D'Artagnan tenta inutilement de l'ouvrir.

— Voilà où il s'agit de placer votre coup d'épaule, dit d'Artagnan. Poussez, ami Porthos, mais doucement, sans bruit; n'enfoncez rien, disjoignez les battants, voilà tout.

Porthos appuya sa robuste épaule contre un des panneaux qui plia, et d'Artagnan introduisit alors la pointe de épée entre le pêne et la gâche de la serrure.

Le pêne, taillé en biseau, céda, et la porte s'ovrit.

— Quand je vous disais, ami Porthos, qu'on obtenait tout des femmes et des portes en les prenant par la douceur.

— Le fait est, dit Porthos, que vous êtes un grand moraliste.

— Entrons, dit d'Artagnan.

Ils entrèrent.

Derrière un vitrage, à la lueur de la lanterne du cardinal, posée à terre au milieu de la galerie, on voyait les orangers et les grenadiers du château de Rueil alignés en longues files formant une grande allée et deux allées latérales plus petites.

— Pas de cardinal! dit d'Artagnan, mais sa lampe seule; où diable est-il donc?

Et, comme il exploitait une des ailes latérales après avoir fait signe à Porthos d'exploiter l'autre, il vit tout à coup à sa gauche une caisse écartée de son rang, et, à la place de cette caisse, un trou béant.

Dix hommes eussent eu de la peine à faire mouvoir cette caisse; mais, par un mécanisme quelconque, elle avait tourné avec la dalle qui la supportait.

D'Artagnan, comme nous l'avons dit, vit un trou à cette place, et, dans ce trou, les degrés d'un escalier tournant...

Il appela Porthos de la main et lui montra le trou et les degrés.

Les deux hommes se regardèrent avec une mine effarée.

— Si nous ne voulions que de l'or, dit tout bas d'Artagnan, nous aurions trouvé notre affaire et nous serions riches à tout jamais.

— Comment cela?

— Ne comprenez-vous pas, Porthos, qu'au bas de cet escalier est, selon toute probabilité, ce fameux trésor du cardinal dont on parle tant, et que nous n'aurions qu'à descendre, vider une caisse, enfermer dedans le cardinal à double tour, nous en aller en emportant ce que nous pourrions traîner d'or, remettre à sa place cet oranger, et que personne au monde ne viendrait nous demander d'où nous vient notre fortune, pas même le cardinal?

— Ce serait un beau coup pour des manants, dit Porthos, mais indigne, ce me semble, de deux gentilshommes.

— C'est mon avis, dit d'Artagnan; aussi ai-je dit : Si nous ne voulions que de l'or; mais nous voulons autre chose.

Au même instant, et comme d'Artagnan penchait la tête vers le caveau pour écouter, un son métallique vi

me celui d'un sac d'or qu'on remue vint frapper son
lle.

Il tressaillit.

Aussitôt une porte se referma, et les premiers reflets
une lumière parurent dans l'escalier...

Mazarin avait laissé sa lampe dans l'orangerie pour faire
oire qu'il se promenait.

Mais il avait une bougie de cire pour explorer son mysté-
eux coffre-fort.

— Hé! it-il en italien tandis qu'il remontait lentement
les marches en examinant un sac de réaux à la panse arron-
die; hé! voilà de quoi payer cinq conseillers au Parlement
et deux généraux de Paris. Moi aussi, je suis un grand capitaine; seulement, je fais la guerre à ma façon.

D'Artagnan et Porthos s'étaient tapis chacun dans une
allée latérale, derrière une caisse, et attendaient.

Mazarin vint à trois pas de d'Artagnan pousser un ressort
caché dans le mur.

La dalle tourna, et l'oranger, supporté par elle, revint
de lui-même prendre sa place.

Alors, le cardinal éteignit sa bougie, qu'il remit dans sa
poche.

Et reprenant sa lampe :

— Allons voir M. de la Fère, dit-il

— Bon! c'est notre chemin, pensa d'Artagnan; nous
irons ensemble.

Tous trois se mirent en marche, M. de Mazarin suivant
allée du milieu, et Porthos et d'Artagnan les allées paral-
èles.

Ces deux derniers évitaient avec soin ces longues li-
es lumineuses que traçait à chaque pas entre les caisses
lampe du cardinal.

Celui-ci arriva à une seconde porte vitrée sans s'être
aperçu qu'il était suivi, le sable mou amortissant le bruit
les pas de ses deux accompagnateurs.

Puis il tourna sur la gauche, prit un corridor auquel
Porthos et d'Artagnan n'avaient pas encore fait attention; mais, au moment d'en ouvrir la porte, il s'arrêta pensif.

— Ah! diavolo! dit-il, j'oubliais la recommandation de
Comminges. Il me faut prendre les soldats et les placer à
cette porte, afin de ne pas me mettre à la merci de ce diable à quatre. Allons.

Et, avec un mouvement d'impatience, il se retourna pour
revenir sur ses pas.

— Ne vous donnez pas la peine, monseigneur, dit d'Artagnan le pied en avant, le feutre à la main et la figure gra-
cieuse, nous avons suivi Votre Éminence pas à pas, et nous
voici

— Oui, nous voici, dit Porthos.

Et il fit le même geste d'agréable salutation.

Mazarin porta ses yeux effarés de l'un à l'autre, les re-
ut tous deux et laissa échapper sa lanterne en pous-
un gémissement d'épouvante.

D'Artagnan la ramassa; par bonheur elle ne s'était pas
éteinte dans la chute.

— Oh! quelle imprudence, monseigneur, dit d'Artagnan,
il ne fait pas bon à aller ici sans lumière; Votre Éminence
pourrait se cogner contre quelque caisse ou tomber dan
quelque trou...

— M. d'Artagnan! murmura Mazarin, qui ne pouvait revenir de son étonnement.

— Oui, monseigneur, moi-même, et j'ai l'honneur de
vous présenter M. du Vallon, cet excellent ami à moi, auquel Votre Éminence a eu la bonté de s'intéresser si vivement autrefois.

Et d'Artagnan dirigea la lumière de la lampe vers le visage joyeux de Porthos, qui commençait à comprendre et
qui en était tout fier.

— Vous alliez chez M. de la Fère, continua d'Artagnan
Que nous ne vous gênions pas, monseigneur. Veuillez nous
montrer le chemin, et nous vous suivrons.

Mazarin reprenait peu à peu ses esprits

— Y a-t-il longtemps que vous êtes dans l'orangerie,
messieurs? demanda-t-il d'une voix toute tremblante, en
songeant à la visite qu'il venait de faire à son trésor.

Porthos ouvrit la bouche pour répondre, d'Artagnan lui
fit un signe, et la bouche de Porthos, demeurée muette, se
referma graduellement

— Nous arrivons à l'instant même, monseigneur, dit
d'Artagnan.

Mazarin respira :

Il ne craignait plus pour son trésor; il ne craignait que
pour lui-même.

Une espèce de sourire passa sur ses lèvres.

— Allons, dit-il, vous m'avez pris au piège, messieurs,
et je me déclare vaincu. Vous voulez me demander votre liberté, n'est-ce pas? Je vous la donne.

— Oh! monseigneur, dit d'Artagnan, vous êtes bien bon,
mais, notre liberté, nous l'avons, et nous aimerions autant
vous demander autre chose.

— Vous avez votre liberté! dit Mazarin tout effrayé.

— Sans doute, et c'est au contraire vous, monseigneur,
qui avez perdu la vôtre; et maintenant, que voulez-vous,
monseigneur, c'est la loi de la guerre, il s'agit de la racheter.

Mazarin se sentit frissonner jusqu'au fond du cœur

Son regard si perçant se fixa en vain sur la face moqueuse
du Gascon et sur le visage impassible de Porthos.

Tous deux étaient cachés dans l'ombre, et la sibylle de
Cumes elle-même n'aurait pas su y lire.

— Racheter ma liberté! répéta Mazarin.

— Oui, monseigneur.

— Et combien cela me coûtera-t-il, monsieur d'Artagnan?

— Dame! monseigneur, je ne sais pas encore. Nous allons demander cela au comte de la Fère, si Votre Eminence veut bien le permettre. Que Votre Eminence daigne donc ouvrir la porte qui mène chez lui, et dans dix minutes elle sera fixée.

essaillit.

— Monseigneur, dit d'Artagnan, Votre Eminence voit combien nous y mettons de formes, mais cependant nous sommes obligés de la prévenir que nous n'avons pas de temps à perdre; ouvrez donc, monseigneur, s'il vous plait, et veuillez vous souvenir une fois pour toutes qu'au moindre mouvement que vous feriez pour fuir, au moindre cri que

— Ne vous donnez pas la peine, monseigneur, nous avons suivi Votre Éminence pas à pas, et nous voici. — Page 105.

vous pousseriez pour échapper, notre position étant tout exceptionnelle, il ne faudrait pas nous en vouloir si nous nous portions à quelque extrémité.

— Soyez tranquilles, messieurs, dit Mazarin, je ne tenterai rien, je vous en donne ma parole d'honneur.

D'Artagnan fit signe à Porthos de redoubler de surveillance.

Puis, se retournant vers Mazarin :

— Maintenant, monseigneur, entrons, s'il vous plait.

CHAPITRE XVII.

CONFÉRENCES.

Mazarin fit jouer le verrou d'une double porte, sur le seuil de laquelle se trouva Athos, tout prêt à recevoir son illustre visiteur, selon l'avis que Comminges lui avait donné.

En apercevant Mazarin, il s'inclina.

— Votre Eminence, dit-il, pouvait se dispenser de se faire accompagner; l'honneur que je reçois est trop grand pour que je l'oublie.

— D'Artagnan! Porthos! s'écria-t-il. — En personnes, cher ami.

— Aussi, mon cher comte, dit d'Artagnan, Son Eminence ne voulait-elle pas absolument de nous : c'est du Vallon et moi qui avons insisté, d'une façon inconvenante peut-être, tant nous avions grand désir de vous voir.

A cette voix, à cet accent railleur, à ce geste si connu qui accompagnait cet accent et cette voix, Athos fit un bond de surprise.

— D'Artagnan! Porthos! s'écria-t-il

— En personnes, cher ami.

8

14.

personnes, répéta Porthos.

ue veut dire ceci? demanda le comte.

— Ceci veut dire, répondit Mazarin en essayant, comme il l'avait déjà fait, de sourire, et en se mordant les lèvres en souriant, cela veut dire que les rôles ont changé, et qu'au lieu que ce soient ces messieurs qui soient mes prisonniers, c'est moi qui suis le prisonnier de ces messieurs; si bien que vous me voyez forcé de recevoir ici la loi au lieu de la faire. Mais, messieurs, je vous en préviens, à moins que vous ne m'égorgiez, votre victoire sera de peu de durée; j'aurai mon tour, on viendra...

— Ah! monseigneur, dit d'Artagnan, ne menacez point: c'est d'un mauvais exemple. Nous sommes si doux et si charmants avec Votre Eminence! Voyons, mettons de côté toute mauvaise humeur, écartons toute rancune et causons gentiment.

— Je ne demande pas mieux, messieurs, dit Mazarin; mais, au moment de discuter ma rançon, je ne veux pas que vous teniez votre position pour meilleure qu'elle n'est; en me prenant au piège, vous vous y êtes pris avec moi. Comment sortirez-vous d'ici? Voyez les grilles, voyez les portes, voyez ou plutôt devinez les sentinelles qui veillent derrière ces portes et ces grilles, les soldats qui encombrent ces cours, et composons. Tenez, je vais vous montrer que je suis loyal...

— Bon! pensa d'Artagnan, tenons-nous bien, il va nous jouer un tour.

— Je vous offrais votre liberté, continua le ministre, je vous l'offre encore. En voulez-vous? Avant une heure vous serez découverts, arrêtés, forcés de me tuer, ce qui serait un crime horrible et tout à fait indigne de loyaux gentilshommes comme vous.

— Il a raison, pensa Athos.

Et, comme toute raison qui passait dans cette âme, qui n'avait que de nobles pensées, sa pensée se refléta dans ses yeux.

— Aussi, dit d'Artagnan pour corriger l'espoir que l'adhésion tacite d'Athos avait donné à Mazarin, ne nous porterons-nous à cette violence qu'à la dernière extrémité.

— Si, au contraire, continua Mazarin, vous me laissez aller en acceptant votre liberté...

— Comment, interrompit d'Artagnan, voulez-vous que nous acceptions notre liberté, puisque vous pouvez nous la reprendre, vous le dites vous-même, cinq minutes après nous l'avoir donnée? Et, ajouta d'Artagnan, tel que je vous connais, monseigneur, vous nous la reprendrez.

— Non, foi de cardinal!... Vous ne me croyez pas?

— Monseigneur, je ne crois pas aux cardinaux qui ne sont pas prêtres.

— Eh bien! foi de ministre!

— Vous ne l'êtes plus, monseigneur, vous êtes prisonnier.

— Alors, foi de Mazarin! Je le suis et le serai toujours, je l'espère.

— Hum! fit d'Artagnan; j'ai entendu parler d'un Mazarin qui avait peu de religion pour ses serments, et j'ai peur que ce ne soit un des ancêtres de Votre Eminence.

— Monsieur d'Artagnan, dit Mazarin, vous avez beaucoup

d'esprit, et je suis tout à fait fâché de m'être brouillé avec vous.

— Monseigneur, raccommodons-nous, je ne demande pas mieux.

— Eh bien! dit Mazarin, si je vous mets en sûreté d'une façon évidente, palpable?...

— Ah! c'est autre chose, dit Porthos.

— Voyons, dit Athos.

— Voyons, dit d'Artagnan.

— D'abord, acceptez-vous? demanda le cardinal.

— Expliquez-nous votre plan, monseigneur, et nous verrons.

— Faites attention que vous êtes enfermés, pris.

— Vous savez bien, monseigneur, dit d'Artagnan, qu'il nous reste toujours une dernière ressource.

— Laquelle?

— Celle de mourir ensemble.

Mazarin frissonna

— Tenez, dit-il. Au bout du corridor est une porte dont j'ai la clef; cette porte donne dans le parc. Partez avec cette clef. Vous êtes alertes, vous êtes vigoureux, vous êtes armés. A cent pas, en tournant à gauche, vous rencontrerez le mur du parc; vous le franchirez, et en trois bonds vous serez sur la route et libres. Maintenant, je vous connais assez pour savoir que, si l'on vous attaque, ce ne sera point un obstacle à votre fuite.

— Ah! pardieu! monseigneur, dit d'Artagnan, à la bonne heure, voilà qui est parler. Où est cette clef que vous voulez bien nous offrir?

— La voici.

— Ah! monseigneur, dit d'Artagnan, vous nous conduirez bien vous-même jusqu'à cette porte?

— Très-volontiers, dit le ministre, s'il ne vous faut que cela pour vous tranquilliser.

Mazarin, qui n'espérait pas en être quitte à si bon marché, se dirigea tout radieux vers le corridor et ouvrit la porte.

Elle donnait bien sur le parc, et les trois fugitifs s'en aperçurent au vent de la nuit qui s'engouffra dans le corridor et leur fit voler la neige au visage.

— Diable! diable! dit d'Artagnan, il fait une nuit horrible, monseigneur. Nous ne connaissons pas les localités, et jamais nous ne trouverons notre chemin. Puisque Votre Eminence a tant fait que de venir jusqu'ici, quelques pas encore, monseigneur; conduisez-nous au mur.

— Soit, dit le cardinal.

Et, coupant en ligne droite, il marcha d'un pas rapide vers le mur, au pied duquel tous quatre furent en un instant.

— Etes-vous contents, messieurs? demanda Mazarin.

— Je crois bien! nous serions difficiles! Peste! quel bonheur! trois pauvres gentilshommes escortés par un prince de l'Eglise!... Ah! à propos, monseigneur, vous disiez tout à l'heure que nous étions braves, alertes et armés?

— Oui.

— Vous vous trompez: il n'y a d'armé que M. du Vallon et moi; M. le comte ne l'est pas, et, si nous étions rencontrés par quelque patrouille, il faut que nous puissions nous défendre.

— C'est trop juste.

— Mais où trouverons-nous une épée? demanda Porthos.

— Monseigneur, dit d'Artagnan, prêtera au comte la sienne, qui lui est inutile.

— Bien volontiers, dit le cardinal; je prierai même M. le comte de vouloir bien la garder en souvenir de moi.

— J'espère que voilà qui est galant, comte! dit d'Artagnan.

— Aussi, répondit Athos, je promets à monseigneur de ne jamais m'en séparer.

— Bien, dit d'Artagnan, échange de procédés, comme c'est touchant! N'en avez-vous point les larmes aux yeux, Porthos?

— Oui, dit Porthos; mais je ne sais si c'est cela ou si c'est le vent qui me fait pleurer. Je crois que c'est le vent.

— Maintenant, montez, Athos, fit d'Artagnan, et faites vite.

Athos, aidé de Porthos, qui l'enleva comme une plume, arriva sur le perron.

— Maintenant, sautez, Athos.

Athos sauta et disparut de l'autre côté du mur.

— Etes-vous à terre? demanda d'Artagnan.

— Oui.

— Sans accident?

— Parfaitement sain et sauf.

— Porthos, observez M. le cardinal tandis que je vais monter; non, je n'ai pas besoin de vous, je monterai bien tout seul. Observez M. le cardinal, voilà tout.

— J'observe, dit Porthos. Eh bien?...

— Vous avez raison, c'est plus difficile que je ne croyais. Prêtez-moi votre dos, mais sans lâcher M. le cardinal.

— Je ne le lâche pas.

Porthos prêta son dos à d'Artagnan, qui, en un instant, grâce à cet appui, fut à cheval sur le couronnement du mur.

Mazarin affectait de rire.

— Y êtes-vous? demanda Porthos.

— Oui, mon ami; et maintenant...

— Maintenant quoi?

— Maintenant, passez-moi M. le cardinal, et, au moindre cri qu'il poussera, étouffez-le.

Mazarin voulut s'écrier, mais Porthos l'étreignit de ses deux mains et l'éleva jusqu'à d'Artagnan, qui, à son tour, le saisit au collet et l'assit près de lui.

Puis, d'un ton menaçant:

— Monsieur, sautez à l'instant même en bas, près de M. le comte de la Fère, ou je vous tue, foi de gentilhomme!

— Monsou, monsou, s'écria Mazarin, vous manquez à la foi promise!

— Moi? où vous ai-je promis quelque chose, monseigneur?

Mazarin poussa un gémissement.

— Vous êtes libre par moi, monsieur, dit-il. Votre liberté, c'était ma rançon.

— D'accord; mais la rançon de cet immense trésor enfoui dans la galerie et près duquel on descend en poussant un ressort caché dans la muraille, lequel fait tourner une caisse qui, en tournant, découvre un escalier, ne faut-il pas aussi en parler un peu? Dites, monseigneur.

— Jésous! dit Mazarin presque suffoqué et joignant les mains, Jésous mon Diou! je suis un homme perdu!

Mais, sans s'arrêter à ses plaintes, d'Artagnan le prit pardessous les bras et le fit glisser doucement aux mains d'Athos, qui était demeuré impassible au bas de la muraille.

Alors se retournant vers Porthos.

— Prenez ma main, dit d'Artagnan; je me tiens mur.

Porthos fit un effort qui ébranla la muraille, et, à tour, il arriva au sommet.

— Je n'avais pas compris tout à fait, dit-il, mais je comprends maintenant: c'est très-drôle.

— Trouvez-vous? dit d'Artagnan; tant mieux! Mais, pour que ce soit drôle jusqu'au bout, ne perdons pas de temps.

Et il sauta au bas du mur

Porthos en fit autant.

— Accompagnez monsieur le cardinal, messieurs, dit d'Artagnan; moi, je sonde le terrain.

Le Gascon tira son épée et marcha à l'avant-garde.

— Monseigneur, dit-il, par où faut-il tourner pour gagner la grande route? Réfléchissez bien avant de répondre, car, si Votre Eminence se trompait, cela pourrait avoir de graves inconvénients, non-seulement pour nous, mais encore pour elle.

— Longez le mur, monsieur, dit Mazarin, et vous ne risquez pas de vous perdre.

Les trois amis doublèrent le pas.

Mais, au bout de quelques instants, ils furent obligés de ralentir leur marche.

Quoiqu'il y mit toute la bonne volonté possible, le cardinal ne pouvait les suivre.

Tout à coup d'Artagnan se heurta à quelque chose de tiède qui fit un mouvement

— Tiens ! un cheval, dit-il ; je viens de trouver un cheval, messieurs.

— Et moi aussi, dit Athos.

Le Gascon tira son épée et marcha à l'avant-garde. — PAGE 107.

— Et moi aussi, dit Porthos, qui, fidèle à la consigne, tenait toujours le cardinal par le bras.

— Voilà ce qui s'appelle de la chance, monseigneur, dit d'Artagnan : juste au moment où Votre Eminence se plaignait d'être obligée d'aller à pied.

Mais il n'avait pas achevé ces paroles, qu'un canon de pistolet s'abaissa sur sa poitrine ; il entendit ces mots prononcés gravement :

— Touchez pas !

— Grimaud! s'écria-t-il, Grimaud! que fais-tu là? Est-ce le ciel qui t'envoie?

— Non, m nsieur, dit l'honnête domestique, c'est M. Aramis qui m'a dit de garder les chevaux.

— Aramis est donc ici?

— Oui, monsieur, depuis hier.

— Et que faites-vous?

— Tiens ! un cheval, dit-il; je viens de trouver un cheval, messieurs. — PAGE 108.

— Nous guettons.

— Quoi! Aramis est ici? répéta Athos.

— A la petite porte du château. C'était là son poste.

— Vous êtes donc nombreux?

— Nous sommes soixante.

— Faites-le prévenir.

— A l'instant même, monsieur.

Et, pensant que personne ne ferait mieux la commission

que lui, Grimaud partit à toutes jambes, tandis que, radieux d'être enfin réunis, les trois amis attendaient.

Il n'y avait, dans tout le groupe, que M. de Mazarin qui fût de fort mauvaise humeur.

CHAPITRE XVIII.

OÙ L'ON COMMENCE A CROIRE QUE PORTHOS SERA ENFIN BARON ET D'ARTAGNAN CAPITAINE.

Au bout de dix minutes, Aramis arriva accompagné de Grimaud et de huit ou dix gentilshommes.

Il était tout radieux et se jeta au cou de ses amis.

— Vous êtes donc libres, frères, libres sans mon aide !

je n'aurai donc rien pu faire pour vous, malgré tous mes efforts !

— Ne vous désolez pas, cher ami, ce qui est différé n'est pas perdu. Si vous n'avez pas su faire, vous ferez.

— J'avais cependant bien pris mes mesures, dit Aramis. J'ai obtenu soixante hommes de M. le coadjuteur; vingt gardent les murs du parc, vingt la route de Rueil à Saint-Germain, vingt sont disséminés dans le bois. J'ai intercepté ainsi, et grâce à ces dispositions stratégiques, deux courriers de Mazarin à la reine.

Mazarin dressa les oreilles.

— Mais, dit d'Artagnan, vous les avez honnêtement, je l'espère, renvoyés à M. le cardinal ?

— Ah oui! dit Aramis, c'est bien avec lui que je me piquerai de semblables délicatesses! Dans l'une de ces dépêches, le cardinal déclare à la reine que les coffres sont vides et que Sa Majesté n'a plus d'argent; dans l'autre, il annonce qu'il va faire transporter ses prisonniers à Melun, Rueil ne lui paraissant pas une localité assez sûre. Vous comprenez, cher ami, que cette dernière lettre m'a donné bon espoir. Je me suis embusqué avec mes soixante hommes, j'ai cerné le château, j'ai fait préparer des chevaux de main que j'ai confiés à l'intelligence de Grimaud, et j'ai attendu votre sortie; je n'y comptais guère que pour demain matin, et je n'espérais pas vous délivrer sans escarmouches. Vous êtes libres ce soir, libres sans combat, tant mieux! comment avez-vous fait pour échapper à ce pleutre de Mazarin? vous devez avoir eu fort à vous en plaindre?

— Mais pas trop, dit d'Artagnan

— Vraiment?

— Je dirai même plus, nous avons eu à nous louer de lui.

— Impossible!

— Si fait, en vérité : c'est grâce à lui que nous sommes libres.

— Grâce à lui?

— Oui, il nous a fait conduire dans l'orangerie par M. Bernouin, son valet de chambre, puis de là nous l'avons suivi jusque chez le comte de la Fère. Alors il nous a offert de nous rendre notre liberté, nous avons accepté, et il a poussé la complaisance jusqu'à nous montrer le chemin et nous conduire au mur du parc, que nous venions d'escalader avec le plus grand bonheur quand nous avons rencontré Grimaud.

— Ah! bien, dit Aramis, voici qui me raccommode avec lui, et je voudrais qu'il fût là pour lui dire que je ne le croyais pas capable d'une si belle action.

— Monseigneur, dit d'Artagnan, incapable de se contenir plus longtemps, permettez que je vous présente M. le chevalier d'Herblay, qui désire offrir, comme vous avez pu l'entendre, ses félicitations respectueuses à Votre Eminence.

Et il se retira, démasquant Mazarin confus aux regards effarés d'Aramis.

— Oh! oh! fit celui-ci, le cardinal! Belle prise! Holà! holà! amis! les chevaux! les chevaux!

Quelques cavaliers accoururent.

— Pardieu! dit Aramis, j'aurai donc été utile à quelque chose. Monseigneur, daigne Votre Eminence recevoir tous mes hommages! Je parie que c'est ce saint Christophe de Porthos qui a encore fait ce coup-là! A propos, j'oubliais.

Et il donna tout bas un ordre à un cavalier.

— Je crois qu'il serait prudent de partir, dit d'Artagnan.

— Oui, mais j'attends quelqu'un... un ami d'Athos.

— Un ami? dit le comte.

— Et, tenez, le voilà qui arrive au galop à travers les broussailles.

— Monsieur le comte! monsieur le comte! cria une jeune voix qui fit tressaillir Athos.

— Raoul! Raoul! s'écria le comte de la Fère.

Un instant le jeune homme oublia son respect habituel.

Il se jeta au cou de son père.

— Voyez, monsieur le cardinal, n'eût-ce pas été dommage de séparer des gens qui s'aiment comme nous nous aimons? Messieurs, continua Aramis en s'adressant aux cavaliers qui se réunissaient plus nombreux à chaque instant, messieurs, entourez Son Eminence, pour lui faire honneur: elle veut bien nous accorder la faveur de sa compagnie; vous lui en serez reconnaissants, je l'espère. Porthos, ne perdez pas de vue Son Eminence.

Et Aramis se réunit à d'Artagnan et à Athos, qui délibéraient, et délibéra avec eux.

— Allons, dit d'Artagnan après cinq minutes de conférence, en route!

— Et où allons-nous? demanda Porthos.

— Chez vous, cher ami, à Pierrefonds; votre beau château est digne d'offrir son hospitalité seigneuriale à Son Eminence; et puis, très-bien situé: ni trop près ni trop loin de Paris; on pourra de là établir des communications faciles avec la capitale. Venez, monseigneur, vous serez là comme un prince, que vous êtes.

— Prince déchu, dit piteusement Mazarin.

— La guerre a ses chances, monseigneur, répondit Athos; mais soyez assuré que nous n'en abuserons point.

— Non, mais nous en userons, dit d'Artagnan.

Tout le reste de la nuit, les ravisseurs coururent avec cette rapidité infatigable d'autrefois.

Mazarin, sombre et pensif, se laissait entraîner au milieu de cette course de fantômes.

A l'aube, on avait fait douze lieues d'une seule traite. La moitié de l'escorte était harassée, quelques chevaux tombèrent.

— Les chevaux d'aujourd'hui ne valent plus ceux d'autrefois, dit Porthos: tout dégénère.

— J'ai envoyé Grimaud à Dammartin, dit Aramis, il doit nous ramener cinq chevaux frais, un pour Son Eminence, quatre pour nous; le principal est que nous ne quittions pas monseigneur; le reste de l'escorte nous rejoindra plus tard; une fois Saint-Denis passé, nous n'avons plus rien à craindre.

Grimaud ramena effectivement cinq chevaux

Le seigneur auquel il s'était adressé étant un ami de Porthos, s'était empressé, non pas de les vendre, comme on le lui avait proposé, mais de les offrir.

Dix minutes après, l'escorte s'arrêtait à Ermenonville, mais les quatre amis couraient avec une ardeur nouvelle, escortant M. Mazarin.

A midi on entrait dans l'avenue du château de Porthos.

— Ah! fit Mousqueton, qui était placé près de d'Artagnan et qui n'avait pas soufflé un seul mot pendant toute la route; ah! vous me croirez si vous voulez, monsieur,

mais voilà la première fois que je respire depuis mon départ de Pierrefonds.

Et il mit son cheval au galop pour annoncer aux autres
serviteurs l'arrivée de M. du Vallon et de ses amis.

— Nous sommes quatre, dit d'Artagnan à ses amis, nous

nous relayerons pour garder monseigneur, et chacun de
nous veillera trois heures. Athos va visiter le château, qu'il
s'agit de rendre imprenable en cas de siége; Porthos veillera aux approvisionnements, et Aramis aux entrées des
garnisons; c'est-à-dire qu'Athos sera ingénieur en chef,
Porthos munitionnaire général, et Aramis gouverneur de la
place.

Et Mousqueton mit son cheval au galop pour annoncer aux autres serviteurs l'arrivée de M. du Vallon et de ses amis.

En attendant, on installa Mazarin dans le plus bel appartement du château.

— Messieurs, dit-il quand cette installation fut faite,
vous ne comptez pas, je présume, me garder ici longtemps
incognito?

— Non, monseigneur, répondit d'Artagnan, et, tout au
contraire, nous allons publier bien vite que nous vous tenons.

— Alors on vous assiégera.

— Nous y comptons bien.

— Et que ferez-vous?

— Nous nous défendrons. Si feu M. le cardinal de Richelieu vivait encore, il vous raconterait une certaine histoire d'u.. bastion Saint-Gervais où nous avons tenu à nous quatre, avec nos quatre laquais et douze morts, contre toute une armée.

— Ces prouesses-là se font une fois, monsieur, et ne se renouvellent pas.

— Moi, monseigneur, je jouerai cartes sur table. — Page 114.

— Aussi, aujourd'hui, n'aurons-nous pas besoin d'être si héroïques : demain, l'armée parisienne sera prévenue, après-demain elle sera ici La bataille, au lieu de se livrer à Saint-Denis ou à Charenton, se livrera donc vers Compiègne ou Villers-Coterets.

— M. le Prince vous battra comme il vous a toujours battus.

— C'est possible, monseigneur; mais, avant la bataille, nous ferons filer Votre Eminence sur un autre château de notre ami du Vallon, et il en a trois comme celui-ci. Nous ne voulons pas exposer Votre Eminence aux hasards de la guerre.

— Allons, dit Mazarin, je vois qu'il faudra capituler.

— Avant le siége?

— Oui, les conditions seront peut-être meilleures.

— Ah! monseigneur, pour ce qui est des conditions, vous verrez comme nous sommes raisonnables.

— Voyons, quelles sont-elles, vos conditions?

— Reposez-vous d'abord, monseigneur, et nous, nous allons réfléchir.

— Je n'ai pas besoin de repos, messieurs, j'ai besoin de savoir si je suis entre des mains amies ou ennemies.

— Amies, monseigneur, amies!

— Eh bien! alors, dites-moi tout de suite ce que vous voulez, afin que je voie si un arrangement est possible entre nous. Parlez, monsieur le comte de la Fère.

— Monseigneur, dit Athos, je n'ai rien à demander pour la France. Je me récuse donc et passe la parole à M. le chevalier d'Herblay.

Et Athos, s'inclinant, fit un pas en arrière et demeura debout appuyé contre la cheminée, en simple spectateur de la conférence.

— Parlez donc, monsieur le chevalier d'Herblay, dit le cardinal. Que désirez-vous? Pas d'ambages, pas d'ambiguïtés. Soyez clair, court et précis.

— Moi, monseigneur, je jouerai cartes sur table.

— Abattez donc votre jeu.

— J'ai mis dans ma poche, dit Aramis, le programme des conditions qu'est venue vous imposer avant-hier à Saint-Germain la députation dont je faisais partie. Respectons d'abord les droits des anciens; les demandes qui sont portées au programme seront accordées.

— Nous étions presque d'accord sur celles-là, dit Mazarin; passons donc aux conditions particulières.

— Vous croyez donc qu'il y en aura? dit en souriant Aramis.

— Je crois que vous n'aurez pas tous le même désintéressement que M. le comte de la Fère, dit Mazarin en se retournant vers Athos et en le saluant.

— Ah! monseigneur, vous avez raison, dit Aramis, et je suis heureux de voir que vous rendez enfin justice au comte. M. de la Fère est un esprit supérieur qui plane au-dessus des désirs vulgaires et des passions humaines; c'est une âme antique et fière. M. le comte est un homme à part. Vous avez raison, monseigneur, nous ne le valons pas, et nous sommes les premiers à le confesser avec vous.

— Aramis, dit Athos, raillez-vous?

— Non, mon cher comte, non, je dis ce que nous pensons et ce que pensent tous ceux qui vous connaissent. Mais vous avez raison, ce n'est pas de vous qu'il s'agit, c'est de monseigneur et de son indigne serviteur le chevalier d'Herblay.

— Eh bien! que désirez-vous, monsieur, outre les conditions générales sur lesquelles nous reviendrons?

— Je désire, monseigneur, qu'on donne la Normandie à madame de Longueville, avec l'absolution pleine et entière, et cinq cent mille livres. Je désire que S. M. le roi daigne être le parrain du fils dont elle vient d'accoucher; ensuite, que monseigneur, après avoir assisté au baptême, aille présenter ses hommages à notre saint-père le pape.

— C'est-à-dire que vous voulez que je me démette de mes fonctions de ministre, que je quitte la France, que je m'exile?

— Je veux que monseigneur soit pape à la première vacance, me réservant alors de lui demander des indulgences plénières pour moi et mes amis.

Mazarin fit une grimace intraduisible.

— Et vous, monsieur? demanda-t-il à d'Artagnan.

— Moi, monseigneur, dit le Gascon, je suis en tout point du même avis que M. le chevalier d'Herblay, excepté sur le dernier article, sur lequel je diffère entièrement de lui. Loin de vouloir que monseigneur quitte la France, je veux qu'il demeure à Paris; loin de désirer qu'il devienne pape, je désire qu'il demeure premier ministre, car monseigneur est un grand politique. Je tâcherai même, autant qu'il dépendra de moi, qu'il ait le dé sur la Fronde tout entière; mais à la condition qu'il se souviendra quelque peu des fidèles serviteurs du roi, et qu'il donnera la première compagnie des mousquetaires à quelqu'un que je désignerai. Et vous, du Vallon?

— Oui, à votre tour, monsieur, dit Mazarin, parlez.

— Moi, dit Porthos, je voudrais que M. le cardinal, pour honorer ma maison, qui lui a donné asile, voulût bien ériger ma terre en baronnie, avec promesse de l'ordre pour un de mes amis à la première promotion que fera Sa Majesté.

— Vous savez, monsieur, que, pour recevoir l'ordre, il faut faire des preuves.

— C'est bien, notre ami les fera, dit d'Artagnan. D'ailleurs, s'il le fallait absolument, monseigneur lui dirait comment on évite cette formalité.

Mazarin se mordit les lèvres; le coup était direct, et il reprit assez sèchement:

— Tout cela se concilie fort mal, ce me semble, messieurs, car, si je satisfais les uns, je mécontente nécessairement les autres. Si je reste à Paris, je ne puis aller à Rome; si je deviens pape, je ne puis rester ministre, et, si je ne suis pas ministre, je ne puis pas faire M. d'Artagnan capitaine et M. du Vallon baron.

— C'est vrai, dit Aramis. Aussi, comme je fais minorité, je retire ma proposition en ce qui est du voyage de Rome et de la démission de monseigneur.

— Je demeure donc ministre? dit Mazarin.

— Vous demeurez ministre, c'est entendu, monseigneur, dit d'Artagnan; la France a besoin de vous.

— Et moi je me désiste de mes prétentions, reprit Aramis, et Son Éminence restera premier ministre, et même favori de Sa Majesté, si elle veut m'accorder, à moi et à mes amis, ce que nous demandons pour la France et pour nous.

— Occupez-vous de vous, messieurs, et laissez la France s'arranger avec moi comme elle l'entendra, dit Mazarin.

— Non pas, non pas! reprit Aramis, il faut un traité aux frondeurs, et Votre Éminence voudra bien le rédiger et le signer devant nous, en s'engageant, par ce même traité, à obtenir la ratification de la reine.

— Je ne puis répondre que de moi, dit Mazarin, je ne puis répondre de la reine. Et si Sa Majesté refuse?

— Oh! dit d'Artagnan, monseigneur sait bien que Sa Majesté n'a rien à lui refuser.

— Tenez, monseigneur, dit Aramis, voici le traité proposé par la députation des frondeurs; plaise à Votre Éminence de le lire et de l'examiner.

— Je le connais, dit Mazarin.

— Alors, signez-le donc.

— Réfléchissez, messieurs, qu'une signature donnée dans les circonstances où nous sommes pourrait être considérée comme arrachée par la violence.

— Monseigneur sera là pour dire qu'elle a été donnée volontairement.

— Mais, enfin, si je refuse?

— Ah! monseigneur, dit d'Artagnan, Votre Éminence ne pourra s'en prendre qu'à elle des conséquences de son refus.

— Vous oseriez porter la main sur un cardinal?

— Vous l'avez bien portée, monseigneur, sur des mousquetaires de Sa Majesté!

— La reine me vengera, messieurs!

— Je n'en crois rien, quoique je ne pense pas que la bonne envie lui en manque; mais nous irons à Paris avec Votre Éminence, et les Parisiens sont gens à nous défendre.

— Comme on doit être inquiet en ce moment à Rueil et à Saint-Germain! dit Aramis; comme on doit se demander où est le cardinal, ce qu'est devenu le ministre, où est passé le favori! comme on doit chercher monseigneur dans tous les coins et recoins! comme on doit faire des commentaires! et, si la Fronde sait la disparition de monseigneur, comme la Fronde doit triompher!

— C'est affreux! murmura Mazarin.

— Signez donc le traité, monseigneur, dit Aramis.

— Mais si je le signe et que la reine refuse de le ratifier?

— Je me charge d'aller voir Sa Majesté, dit d'Artagnan, et d'obtenir sa signature.

— Prenez garde, dit Mazarin, de ne pas recevoir à Saint-Germain l'accueil que vous croyez avoir droit d'attendre.

— Ah bah! dit d'Artagnan, je m'arrangerai de manière à être le bienvenu; je sais un moyen.

— Lequel?

— Je porterai à Sa Majesté la lettre par laquelle monseigneur lui annonce le complet épuisement des finances.

— Ensuite? dit Mazarin en pâlissant.

— Ensuite, quand je verrai Sa Majesté au comble de l'embarras, je la mènerai à Rueil, je la ferai entrer dans l'orangerie et je lui indiquerai certain ressort qui fait mouvoir une caisse.

— Assez, monsieur, murmura le cardinal, assez! Où est le traité?

— Le voici, dit Aramis.

— Vous voyez que nous sommes généreux, dit d'Artagnan, car nous pouvions faire bien des choses avec un pareil secret.

— Donc, signez, dit Aramis en lui présentant la plume.

Mazarin se leva, se promena quelques instants, plutôt rêveur qu'abattu.

Puis, s'arrêtant tout à coup:

— Et quand j'aurai signé, messieurs, quelle sera ma garantie?

— Ma parole d'honneur, monsieur, dit Athos.

Mazarin tressaillit, se retourna vers le comte de la Fère, examina un instant ce visage noble et loyal, et, prenant la plume:

— Cela me suffit, monsieur le comte, dit-il.

Et il signa.

— Et maintenant, monsieur d'Artagnan, ajouta-t-il, préparez-vous à partir pour Saint-Germain et à porter une lettre de moi à la reine.

CHAPITRE XIX.

COMME QUOI AVEC UNE PLUME ET UNE MENACE ON FAIT PLUS VITE
ET MIEUX QU'AVEC L'ÉPÉE ET DU DÉVOUEMENT.

D'Artagnan connaissait sa mythologie. Il savait que l'occasion n'a qu'une touffe de cheveux par laquelle on puisse

la saisir, et il n'était pas homme à la laisser passer sans
l'arrêter par le toupet.

Il organisa un système de voyage prompt et sûr en en-
voyant d'avance des chevaux de relais à Chantilly, de façon
qu'il pouvait être à Paris en cinq ou six heures.

Mais, avant de partir, il réfléchit que, pour un garçon d'esprit et d'expérience, c'était une singulière position que de
marcher à l'incertain en laissant l'incertain derrière soi.

J.A.BEAUCE.   PREDHOMME.

— Ne craignez rien, dit Aramis, j'ai nos conditions à poser. — PAGE 117.

— En effet, se dit-il au moment de monter à cheval pour
remplir sa dangereuse mission, Athos est un héros de roman
pour la générosité; Porthos, une nature excellente, mais facile à influencer; Aramis, un visage hiéroglyphique, c'est-à-
dire toujours illisible. Que produiront ces trois éléments quand
je ne serai plus là pour les relier entre eux?... la délivrance
du cardinal peut-être. Or, la délivrance du cardinal, c'est
la ruine de nos espérances, et nos espérances sont jusqu'à
présent l'unique récompense de vingt ans de travaux près
desquels ceux d'Hercule sont des œuvres de pygmée.

Il alla trouver Aramis.

— Vous êtes, vous, mon cher chevalier d'Herblay, lui dit-il, la Fronde incarnée. Méfiez-vous donc d'Athos, qui ne veut faire les affaires de personne, pas même les siennes. Méfiez-vous surtout de Porthos, qui, pour plaire au comte, qu'il regarde comme la Divinité sur la terre, l'aidera à faire évader Mazarin, si Mazarin a seulement l'esprit de pleurer ou de faire de la chevalerie.

Aramis sourit de son sourire fin et résolu à la fois.

— Ne craignez rien, dit-il, j'ai mes conditions à poser. je ne travaille pas pour moi, mais pour les autres, et il

Arrivé à trois pas de la reine, il mit un genou en terre et lui présenta la lettre. — Page 119

faut que ma petite ambition aboutisse au profit de qui de droit.

— Bon! pensa d'Artagnan, de ce côté je suis tranquille.

Il serra la main d'Aramis et alla trouver Porthos.

— Ami, lui dit-il, vous avez tant travaillé avec moi à édifier notre fortune, qu'au moment où nous sommes sur le point de recueillir le fruit de nos travaux, ce serait une duperie ridicule à vous que de vous laisser dominer par Aramis, dont vous connaissez la finesse, finesse qui, nous pouvons le dire entre nous, n'est pas toujours exempte d'égoïsme; ou par Athos, homme noble et désintéressé, mais aussi homme blasé, qui, ne désirant plus rien pour lui-même, ne comprend pas que les autres aient des désirs. Que diriez-vous si l'un ou l'autre de nos deux amis vous proposait de laisser aller Mazarin?

— Mais je dirais que nous avons eu trop de mal à le prendre pour le lâcher ainsi.

— Bravo! Porthos; et vous auriez raison, mon ami; car avec lui vous lâcheriez votre baronnie, que vous tenez entre vos mains, sans compter qu'une fois hors d'ici Mazarin vous ferait pendre.

— Bon! vous croyez?

— J'en suis sûr.

— Alors, je le tuerais plutôt, lui, que de le laisser échapper.

— Et vous auriez raison. Il ne s'agit pas, vous comprenez, quand nous avons cru faire nos affaires, d'avoir fait celles des frondeurs, qui d'ailleurs n'entendent pas les questions politiques comme nous, qui sommes de vieux soldats.

— N'ayez pas peur, cher ami, dit Porthos, je vous regarde par la fenêtre monter à cheval, je vous suis des yeux jusqu'à ce que vous ayez disparu, puis je reviens m'installer à la porte du cardinal, à une porte vitrée qui donne dans la chambre. De là je verrai tout, et au moindre geste suspect, j'extermine.

— Bravo! pensa d'Artagnan. De ce côté, je crois, le cardinal sera bien gardé.

Et il serra la main du seigneur de Pierrefonds et alla trouver Athos.

— Mon cher Athos, dit-il, je pars. Je n'ai qu'une chose à vous dire : vous connaissez Anne d'Autriche; la captivité de M. de Mazarin garantit seule ma vie; si vous le lâchez, je suis mort.

— Il ne me fallait rien moins qu'une telle considération, mon cher d'Artagnan, pour me déterminer à faire le métier de geôlier. Je vous donne ma parole que vous retrouverez le cardinal où vous le laissez.

— Voilà qui me rassure plus que toutes les signatures royales, pensa d'Artagnan. Maintenant que j'ai la parole d'Athos, je puis partir.

D'Artagnan partit effectivement seul, sans autre escorte que son épée et avec un simple laisser-passer de Mazarin pour parvenir près de la reine.

Six heures après son départ de Pierrefonds, il était à Saint-Germain.

La disparition de Mazarin était ignorée.

Anne d'Autriche seule la savait et cachait son inquiétude à ses plus intimes.

On avait retrouvé dans la chambre de d'Artagnan et de Porthos les deux soldats garrottés et bâillonnés.

On leur avait immédiatement rendu l'usage des membres et de la parole.

Mais ils n'avaient rien à dire autre chose que ce qu'ils savaient, c'est-à-dire comment ils avaient été harponnés, liés et dépouillés.

Mais de ce qu'avaient fait Porthos et d'Artagnan une fois sortis par où les soldats étaient entrés, c'est ce dont ils

étaient aussi ignorants que tous les autres habitants du château.

Bernouin seul en savait plus que les autres.

Bernouin, ne voyant pas revenir son maître et entendant sonner minuit, avait pris sur lui de pénétrer dans l'orangerie.

La première porte, barricadée avec les meubles, lui avait déjà donné quelques soupçons.

Mais cependant il n'avait voulu faire part de ces soupçons à personne et avait patiemment frayé son passage au milieu de tout ce déménagement.

Puis il était arrivé au corridor, dont il avait trouvé toutes les portes ouvertes.

Il en était de même de la porte de la chambre d'Athos et de celle du parc.

Arrivé là, il lui fut facile de suivre les pas sur la neige.

Il vit que ces pas aboutissaient au mur.

De l'autre côté, il retrouva la même trace, puis des piétinements de chevaux, puis les vestiges d'une troupe de cavalerie tout entière qui s'était éloignée dans la direction d'Enghien.

Dès lors, il n'avait plus conservé aucun doute que le cardinal eût été enlevé par les trois prisonniers, puisque les prisonniers étaient disparus avec lui, et il avait couru à Saint-Germain pour prévenir de cette disparition la reine.

Anne d'Autriche lui avait recommandé le silence, et Bernouin l'avait scrupuleusement gardé.

Seulement, elle avait fait venir M. le Prince, auquel elle avait tout dit, et M. le Prince avait aussitôt mis en campagne cinq ou six cents cavaliers, avec ordre de fouiller tous les environs et de ramener à Saint-Germain toute troupe suspecte et qui s'éloignerait de Rueil dans quelque direction que ce fût.

Or, comme d'Artagnan ne formait pas une troupe puisqu'il était seul, puisqu'il ne s'éloignait pas de Rueil, puisqu'il allait à Saint-Germain, personne ne fit attention à lui, et son voyage ne fut aucunement entravé.

En entrant dans la cour du vieux château, la première personne que vit notre ambassadeur fut maître Bernouin en personne, qui, debout sur le seuil, attendait des nouvelles de son maître disparu.

A la vue de d'Artagnan, qui entrait à cheval dans la cour d'honneur, Bernouin se frotta les yeux et crut se tromper.

Mais d'Artagnan lui fit de la tête un petit signe amical, mit pied à terre, et, jetant la bride de son cheval au bras d'un laquais qui passait, il s'avança vers le valet de chambre, qu'il aborda le sourire sur les lèvres.

— Monsieur d'Artagnan! s'écria celui-ci pareil à un homme qui a le cauchemar et qui parle en dormant; monsieur d'Artagnan!

— Lui-même, monsieur Bernouin.

— Et que venez-vous faire ici?

— Apporter des nouvelles de M. de Mazarin, et des plus fraîches même.

— Qu'est-il donc devenu?

— Il se porte comme vous et moi.

— Il ne lui est donc rien arrivé de fâcheux ?

— Rien absolument. Il a seulement éprouvé le besoin de faire une course dans l'Ile-de-France, et nous a priés, M. le comte de la Fère, M. du Vallon et moi, de l'accompagner. Nous étions trop ses serviteurs pour lui refuser une pareille demande. Nous sommes partis hier soir et me voilà.

— Vous voilà !

— Son Eminence avait quelque chose à faire dire à Sa Majesté, quelque chose de secret et d'intime, une mission qui ne pouvait être confiée qu'à un homme sûr, de sorte qu'elle m'a envoyé à Saint-Germain. Ainsi donc, mon cher monsieur Bernouin, si vous voulez faire quelque chose qui soit agréable à votre maître, prévenez Sa Majesté que j'arrive et dites-lui dans quel but.

Qu'il parlât sérieusement ou que son discours ne fût qu'une plaisanterie, comme il était évident que d'Artagnan était, dans les circonstances présentes, le seul homme qui pût tirer Anne d'Autriche d'inquiétude, Bernouin ne fit aucune difficulté d'aller la prévenir de cette singulière ambassade, et, comme il l'avait prévu, la reine lui donna l'ordre d'introduire à l'instant même M. d'Artagnan.

D'Artagnan s'approcha de sa souveraine avec toutes les marques du plus profond respect.

Arrivé à trois pas d'elle, il mit un genou en terre et lui présenta la lettre.

C'était, comme nous l'avons dit, une simple lettre, moitié d'introduction, moitié de créance.

La reine la lut, reconnut parfaitement l'écriture du cardinal, quoiqu'elle fût un peu tremblée, et, comme cette lettre ne lui disait rien de ce qui s'était passé, elle demanda des détails.

D'Artagnan lui raconta tout avec cet air naïf et simple qu'il savait si bien prendre dans certaines circonstances.

La reine, à mesure qu'il parlait, le regardait avec un étonnement progressif.

Elle ne comprenait pas qu'un homme osât concevoir une telle entreprise, et encore moins qu'il eût l'audace de la raconter à celle dont l'intérêt et presque le devoir étaient de la punir.

— Comment, monsieur ! s'écria, quand d'Artagnan eut terminé son récit, la reine, rouge d'indignation, vous osez m'avouer votre crime ! me raconter votre trahison !

— Pardon, madame, mais il me semble, ou que je me suis mal expliqué, ou que Votre Majesté m'a mal compris ; il n'y a là-dedans ni crime ni trahison. M. de Mazarin nous tenait en prison, M. du Vallon et moi, parce que nous n'avions pu croire qu'il nous eût envoyés en Angleterre pour voir tranquillement couper le cou au roi Charles Ier, le beau-frère du feu roi votre mari, l'époux de madame Henriette, votre sœur et votre hôte, et que nous avons fait tout ce que nous avons pu pour sauver la vie du martyr royal. Nous étions donc convaincus, mon ami et moi, qu'il y avait là-dessous quelque erreur dont nous étions victimes, et qu'une explication entre nous et Son Eminence était nécessaire. Or, pour qu'une explication porte ses fruits, il faut qu'elle se fasse tranquillement, loin du bruit et des importuns. Nous avons, en conséquence, emmené M. le cardinal dans le château de mon ami, et là nous nous sommes expliqués. Eh bien ! madame, ce que nous avions prévu était vrai, il y avait erreur. M. de Mazarin avait pensé que nous avions servi le général Cromwell, au lieu d'avoir servi le roi Charles, ce qui

eût été une honte qui eût rejailli de nous à lui, de lui à Votre Majesté ; une lâcheté qui eût taché à sa tige la royauté de votre illustre fils. Or, nous lui avons donné la preuve du contraire, et cette preuve, nous sommes prêts à la donner à Votre Majesté elle-même, en en appelant à l'auguste veuve qui pleure dans le Louvre où l'a logée votre royale munificence. Cette preuve l'a si bien satisfait, qu'en signe de satisfaction il m'a envoyé, comme Votre Majesté peut le voir, pour causer avec elle des réparations naturelles dues à des gentilshommes mal appréciés et persécutés à tort.

— Je vous écoute et vous admire, monsieur, dit Anne d'Autriche. En vérité, j'ai rarement vu un pareil excès d'impudence !

— Allons, dit d'Artagnan, voici Votre Majesté qui, à son tour, se trompe sur nos intentions comme avait fait M. de Mazarin.

— Vous êtes dans l'erreur, monsieur, dit la reine, et je me trompe si peu, que dans dix minutes vous serez arrêté et que dans une heure je partirai pour aller délivrer mon ministre à la tête de mon armée.

— Je suis sûr que Votre Majesté ne commettra point une pareille imprudence, dit d'Artagnan, d'abord parce qu'elle serait inutile et qu'elle amènerait les plus graves résultats. Avant d'être délivré, M. le cardinal serait mort, et Son Eminence est si bien convaincue de la vérité de ce que je dis, qu'elle m'a au contraire prié, dans le cas où je verrais Votre Majesté dans des dispositions, de faire tout ce que je pourrais pour obtenir qu'elle change de projet.

— Eh bien ! je me contenterai donc de vous faire arrêter.

— Pas davantage, madame, car le cas de mon arrestation est aussi bien prévu que celui de la délivrance du cardinal. Si demain à une heure fixe je ne suis pas revenu, après-demain matin M. le cardinal sera conduit à Paris.

— On voit bien, monsieur, que vous vivez, par votre position, loin des hommes et des choses ; car autrement vous sauriez que M. le cardinal a été cinq ou six fois à Paris, et cela depuis que nous en sommes sortis, et qu'il y a vu M. de Beaufort, M. de Bouillon, M. le coadjuteur, M. d'Elbeuf, et que pas un n'a eu l'idée de le faire arrêter.

— Pardon, madame, je sais tout cela ; aussi n'est-ce ni M. de Beaufort, ni M. de Bouillon, ni M. le coadjuteur, ni M. d'Elbeuf, que mes amis conduiront M. le cardinal, attendu que ces messieurs font la guerre pour leur propre compte, et qu'en leur accordant ce qu'ils désirent, M. le cardinal en aurait bon marché ; mais bien au parlement, qu'on peut acheter en détail sans doute, mais que M. de Mazarin lui-même n'est pas assez riche pour acheter en masse.

— Je crois, dit Anne d'Autriche en fixant son regard, qui, dédaigneux chez une femme, devenait terrible chez une reine, je crois que vous menacez la mère de votre roi !

— Madame, dit d'Artagnan, je menace parce qu'on m'y force. Je me grandis, parce qu'il faut que je me place à la hauteur des événements et des personnes. Mais croyez bien une chose, madame, aussi vrai qu'il y a encore un cœur qui bat pour vous dans cette poitrine, croyez bien que vous avez été l'idole constante de notre vie, que nous avons, vous le savez bien, mon Dieu ! risquée vingt fois pour Votre Majesté. Voyons, madame, est-ce que Votre Majesté n'aura pas pitié de ses serviteurs, qui ont depuis vingt ans végété dans l'ombre, sans laisser échapper dans un seul soupir les secrets saints et solennels qu'ils avaient eu le bonheur de partager avec vous ? Regardez-moi, moi qui vous parle, madame, moi que vous accusez d'élever la voix et de prendre un ton menaçant. Que suis-je? un pauvre officier sans fortune, sans abri, sans avenir, si le regard de ma reine, que j'ai si longtemps cherché, ne se fixe pas un moment sur moi. Regardez M. le comte de la Fère, un type de noblesse, une fleur de chevalerie; il a pris parti contre sa reine, ou plutôt, non pas, il a pris parti contre son ministre; et celui-là n'a pas d'exigences, que je crois. Voyez enfin M. du Vallon, cette âme fidèle, ce bras d'acier : il attend depuis longtemps de votre bouche un mot qui le fasse par le blason ce qu'il est par le sentiment et la valeur. Voyez enfin votre peuple, qui est bien quelque chose pour une reine; votre peuple, qui vous aime et qui cependant souffre; que vous aimez et qui cepen-

— Et cette valeur ne reculerait devant rien? dit Anne d'Autriche. — Page 121.

dant a faim; qui ne demande pas mieux que de vous bénir et qui cependant vous... Non, j'ai tort; jamais votre peuple ne vous maudira, madame. Eh bien! dites un mot, et tout est fini, et la paix succède à la guerre, la joie aux larmes, le bonheur aux calamités.

Anne d'Autriche regarda avec un certain étonnement le visage martial de d'Artagnan, sur lequel on pouvait lire une expression singulière d'attendrissement.

— Que n'avez-vous dit tout cela avant d'agir? dit-elle.

— Parce que, madame, il s'agissait de prouver à Votre

Majesté une chose dont elle doutait, ce me semble : c'est que nous avons encore quelque valeur, et qu'il est juste qu'on fasse quelque cas de nous.

— Et cette valeur ne reculerait devant rien, à ce que je vois? dit Anne d'Autriche.

— Elle n'a reculé devant rien dans le passé, dit d'Artagnan ; pourquoi donc ferait-elle moins dans l'avenir?

— Et cette valeur, en cas de refus, et par conséquent en cas de lutte, irait jusqu'à m'enlever moi-même au milieu de

M. de Bouillon. — Page 122.

ma cour pour me livrer à la Fronde comme vous voulez livrer mon ministre?

— Nous n'y avons jamais songé, madame, dit d'Artagnan avec cette forfanterie gasconne qui n'était chez lui que de la naïveté ; mais, si nous l'avions résolu entre nous quatre, nous le ferions bien certainement...

— Je devais le savoir, murmura Anne d'Autriche, ce sont des hommes de fer.

— Hélas! madame, dit d'Artagnan, cela me prouve que ce n'est que d'aujourd'hui que Votre Majesté a une juste idée de nous.

3

ft Anne, mais cette idée, si je l'ai enfin...

Votre Majesté nous rendra justice. Nous rendant justice, elle ne nous traitera plus comme des hommes vulgaires. Elle verra en moi un ambassadeur digne des hauts intérêts qu'il est chargé de discuter avec vous.

— Où est le traité?

— Le voici.

Anne d'Autriche jeta les yeux sur le traité que lui présentait d'Artagnan.

— Je n'y vois, dit-elle, que les conditions générales. Les intérêts de M. de Conti, de M. de Beaufort, de M. de Bouillon, de M. d'Elbeuf et de M. le coadjuteur y sont établis. Mais les vôtres?

— Nous nous rendons justice, madame, tout en nous plaçant à notre hauteur. Nous avons pensé que nos noms n'étaient pas dignes de figurer parmi ces grands noms.

— Mais vous, vous n'avez pas renoncé, je présume, à m'exposer vos prétentions de vive voix?

— Je crois que vous êtes une grande et puissante reine, madame, et qu'il serait indigne de votre grandeur et de votre puissance de ne pas récompenser dignement les braves qui ramèneront Son Éminence à Saint-Germain.

— C'est mon intention, dit la reine; voyons, parlez.

— Celui qui a traité l'affaire (pardon si je commence par moi, mais il faut bien que je m'accorde l'importance, non pas que j'ai prise, mais qu'on m'a donnée); celui qui a traité l'affaire du rachat de M. le cardinal doit être, ce me semble, pour que la récompense ne soit pas au-dessous de Votre Majesté, celui-là doit être fait chef des gardes, quelque chose comme colonel des mousquetaires.

— C'est la place de M. de Tréville que vous me demandez là?

— La place est vacante, madame, et, depuis un an que de Tréville l'a quittée, il n'a point été remplacé.

— Mais c'est une des premières charges militaires de la maison du roi!

— M. de Tréville était un simple cadet de Gascogne comme moi, madame, et il a occupé cette charge vingt ans.

— Vous avez réponse à tout, monsieur, dit Anne d'Autriche.

Et elle prit sur un bureau un brevet, qu'elle remplit et na.

— Certes, madame, dit d'Artagnan en prenant le brevet en s'inclinant, voilà une belle et noble récompense; mais choses de ce monde sont pleines d'instabilité, et un mê qui tomberait dans la disgrâce de Votre Majesté perdrait cette charge demain.

— Que voulez-vous donc alors? dit la reine, rougissant être pénétrée par cet esprit aussi subtil que le sien.

— Cent mille écus pour ce pauvre capitaine des mousquetaires, payables le jour où ses services n'agréeront plus à Votre Majesté

Anne hésita.

— Et dire que les Parisiens, reprit d'Artagnan, offraient l'autre jour, par arrêt du parlement, six cent mille livres à qui leur livrerait le cardinal mort ou vivant; vivant pour le pendre, mort pour le traîner à la voirie!

— Allons, dit Anne d'Autriche, c'est raisonnable, puisque vous ne demandez à une reine que la moitié de ce que proposait le parlement.

Et elle signa une promesse de cent mille écus.

— Après? dit-elle.

— Madame, mon ami du Vallon est riche et n'a par conséquent rien à désirer comme fortune; mais je crois me rappeler qu'il a été question entre lui et M. de Mazarin d'ériger sa terre en baronnie. C'est même, autant que je puis me le rappeler, une chose promise.

— Un croquant! dit Anne d'Autriche; on en rira.

— Soit! dit d'Artagnan; mais je suis sûr d'une chose, c'est que ceux qui riront devant lui ne riront pas deux fois.

— Va pour la baronnie, dit Anne d'Autriche.

Et elle signa.

— Maintenant, reste le chevalier ou l'abbé d'Herblay, comme Votre Majesté voudra.

— Il veut être évêque?

— Non pas, madame, il désire une chose plus facile.

— Laquelle?

— C'est que le roi daigne être parrain du fils de madame de Longueville.

La reine sourit.

— Madame de Longueville est de race royale, madame, dit d'Artagnan.

— Oui, dit la reine, mais son fils?

— Son fils, madame, doit en être, puisque le mari de sa mère en est.

— Et votre ami n'a rien à demander de plus pour madame de Longueville?

— Non, madame, car il présume que Sa Majesté le roi, daignant être le parrain de son enfant, ne peut pas faire à la mère, pour les relevailles, un cadeau de moins de cinq cent mille livres, en conservant, bien entendu, au père le gouvernement de la Normandie.

— Quant au gouvernement de la Normandie, dit la reine, je crois pouvoir m'engager; mais, quant aux cinq cent mille livres, M. le cardinal ne cesse de me répéter qu'il n'y a plus d'argent dans les coffres de l'État.

— Nous en chercherons ensemble, madame, si Votre Majesté le permet, et nous en trouverons.

— Après?

— Après, madame?

— Oui.

— C'est tout.

— N'avez-vous donc pas un quatrième compagnon?

— Si fait, madame, M. le comte de la Fère.

— Que demande-t-il?

— Il ne demande rien

— Rien?

— Non.

— Il y a au monde un homme qui, pouvant demander, ne demande pas?

— Il y a M. le comte de la Fère, madame. M. le comte de la Fère n'est pas un homme.

Qu'est-ce donc?

— M. le comte de la Fère est un demi-dieu.

— N'a-t-il pas un fils, un jeune homme, un parent, un neveu, dont Comminges m'a parlé comme d'un brave enfant, et qui a rapporté, avec M. de Châtillon, les drapeaux de Lens?

— Il a, comme Votre Majesté le dit, un pupille qui s'appelle le vicomte de Bragelonne.

— Si l'on donnait à ce jeune homme un régiment, que dirait son tuteur?

— Peut-être accepterait-il.

— Peut-être?

— Oui, si Votre Majesté elle-même le priait d'accep-

Vous l'avez dit, monsieur, voilà un singulier homme. en! nous y réfléchirons, et nous le prierons peut-être. ous content, monsieur?

Oui, Votre Majesté. Mais il y a une chose que la reine pas signée.

— Laquelle?

— Et cette chose est la plus importante

— L'acquiescement au traité?

— Oui.

— A quoi bon? je signe le traité demain.

— Il y a une chose que je crois pouvoir affirmer à Votre Majesté, dit d'Artagnan, c'est que, si Votre Majesté ne signe pas cet acquiescement aujourd'hui, elle ne trouvera pas le temps de le signer plus tard. Veuillez donc, je vous en supplie, écrire au bas de ce programme, tout entier de la main de M. de Mazarin, comme vous le voyez:

« Je consens à ratifier le traité proposé par les Parisiens. »

Anne était prise, elle ne pouvait reculer, elle signa.

Mais à peine eut-elle signé, que l'orgueil éclata en elle comme une tempête, et qu'elle se prit à pleurer.

D'Artagnan tressaillit en voyant ces larmes.

Dès ce temps, les reines pleuraient comme de simples mes.

Le Gascon secoua la tête.

Les larmes royales semblaient lui brûler le cœur.

— Madame, dit-il en s'agenouillant, regardez le malh reux gentilhomme qui est à vos pieds, il vous prie de cro que, sur un geste de Votre Majesté, tout lui serait possib Il a foi en lui-même, il a foi en ses amis, il veut avoir en sa reine; et la preuve qu'il ne craint rien, qu'il se sp cule sur rien, c'est qu'il ramènera M. de Mazarin à Voti Majesté sans conditions. Tenez, madame, voici les signatures sacrées de Votre Majesté; si vous croyez devoir me les rendre, vous le ferez. Mais, à partir de ce moment, elles ne vous engagent plus à rien.

Et d'Artagnan, toujours à genoux, avec un regard flamboyant d'orgueil et de mâle intrépidité, remit en masse à Anne d'Autriche ces papiers qu'il lui avait arrachés un à un et avec tant de peine.

Il y a des moments, car si tout n'est pas bon, tout n'est pas mauvais dans ce monde; il y a des moments où, dans les cœurs les plus secs et les plus froids, germe, arrosé par les larmes d'une émotion extrême, un sentiment généreux, que le calcul et l'orgueil étouffent si un autre sentiment ne s'en empare pas à sa naissance.

Anne était dans un de ces moments-là.

D'Artagnan, en cédant à sa propre émotion, en harmonie avec celle de la reine, avait accompli l'œuvre d'une profonde diplomatie.

Il fut donc immédiatement récompensé de son adresse ou de son désintéressement, selon qu'on voudra faire honneur à son esprit ou à son cœur du motif qui le fit agir.

— Vous aviez raison, monsieur, dit Anne, je vous avais méconnu. Voici les actes signés que je vous rends librement; allez, et ramenez-moi au plus vite le cardinal.

— Madame, dit d'Artagnan, il y a vingt ans, j'ai bo mémoire, que j'ai eu l'honneur, derrière une tapisserie l'Hôtel de Ville, de baiser une de ces belles mains.

— Voici l'autre, dit la reine; et, pour que la gauche ne soit pas moins libérale que la droite (elle tira de son doigt un diamant à peu près pareil au premier), prenez et gardez cette bague en mémoire de moi.

— Madame, dit d'Artagnan en se relevant, je n'ai plus qu'un désir, c'est que la première chose que vous me demandiez, ce soit ma vie.

Et, avec cette allure qui n'appartenait qu'à lui, il se releva et sortit.

— J'ai méconnu ces hommes, dit Anne d'Autriche en regardant s'éloigner d'Artagnan, et maintenant il est trop tard pour que je les utilise: dans un an le roi sera majeur!

Quinze heures après, d'Artagnan et Porthos ramenaient Mazarin à la reine, et recevaient l'un son brevet de lieutenant capitaine des mousquetaires, l'autre son diplôme de baron.

— Eh bien! êtes-vous contents? demanda Anne d'Autriche.

D'Artagnan s'inclina, Porthos tourna et retourna son plôme entre ses doigts en regardant Mazarin.

— Qu'y a-t-il donc encore? demanda le ministre.

— Il y a, monseigneur, qu'il avait été question d' promesse de chevalier de l'ordre à la première prom tion.

— Mais, dit Mazarin, vous savez, monsieur le bar

qu'on ne peut être chevalier de l'ordre sans faire ses preuves.

— Oh! dit Porthos, ce n'est pas pour moi, monseigneur, que j'ai demandé le cordon bleu.

— Et pour qui donc?

— Pour mon ami, M. le comte de la Fère.

— Oh! celui-là, dit la reine, c'est autre chose; les preuves sont faites: il l'aura.

Oh! ce n'est pas pour moi, Monseigneur, que j'ai demandé le cordon bleu.

— Il l'a, dit Mazarin.

Le même jour, le traité de Mazarin était signé, et l'on proclamait partout que le cardinal s'était renfermé pendant trois jours pour l'élaborer avec plus de soin.

Voici ce que chacun gagnait à ce traité :

M. de Conti avait Damvilliers, et, ayant fait ses preuves comme général, il obtenait de rester homme d'épée et de ne pas devenir cardinal

De plus, on avait lâché quelques mots d'un mariage avec une nièce de Mazarin.

Ces quelques mots avaient été accueillis avec faveur par le prince, à qui il importait peu avec qui on le marierait, pourvu qu'on le mariât.

M. le duc de Beaufort faisait sa rentrée à la cour avec toutes les réparations dues aux offenses qui lui avaient été faites et tous les honneurs qu'avait droit de réclamer son rang.

On lui accordait la grâce pleine et entière à ceux qui l'a-

Le duc d'Elbeuf. — Page 126.

vaient aidé dans sa fuite, la survivance de l'amirauté que tenait le duc de Vendôme, son père, et une indemnité pour ses maisons et châteaux, que le parlement de Bretagne avait fait démolir.

Le duc de Bouillon recevait des domaines d'une égale

valeur à sa principauté de Sédan, une indemnité pour les huit ans de non-jouissance de cette principauté, et le titre de prince accordé à lui et à ceux de sa maison.

M. le duc de Longueville reçut le gouvernement de Pont-de-l'Arche, cinq cent mille livres pour sa femme, et l'honeur de voir son fils tenu sur les fonts de baptême par la jeune roi et la jeune Henriette d'Angleterre.

Aramis stipula que ce serait Bazin qui officierait à cette solennité et que ce serait Planchet qui fournirait les dragées.

Le duc d'Elbeuf obtint le payement de certaines sommes dues à sa femme, cent mille livres pour l'aîné de ses fils et vingt-cinq mille pour chacun des trois autres.

Il n'y eut que le coadjuteur qui n'obtint rien.

On lui promit bien de négocier l'affaire de son chapeau avec le pape.

Mais il savait quel fonds il fallait faire sur de pareilles promesses venant de la reine et de Mazarin.

Tout au contraire de M. de Conti, ne pouvant devenir cardinal, il était forcé de demeurer homme d'épée.

Aussi, quand tout Paris se réjouissait de la rentrée du roi fixée au surlendemain, Gondi, seul au milieu de l'allégresse générale, était-il de si mauvaise humeur, qu'il envoya chercher à l'instant deux hommes qu'il avait l'habitude de faire appeler quand il était dans cette disposition d'esprit.

Ces deux hommes étaient, l'un le comte de Rochefort, l'autre le mendiant de Saint-Eustache.

Ils vinrent avec leur ponctualité ordinaire, et le coadjuteur passa une partie de la nuit avec eux

CHAPITRE XX.

OÙ IL EST PROUVÉ QU'IL EST QUELQUEFOIS PLUS DIFFICILE AUX ROIS DE RENTRER DANS LA CAPITALE DE LEUR ROYAUME QUE D'EN SORTIR.

Pendant que d'Artagnan et Porthos étaient allés conduire le cardinal à Saint-Germain, Athos et Aramis, qui les avaient quittés à Saint-Denis, étaient rentrés à Paris.

Chacun d'eux avait sa visite à faire.

A peine débotté, Aramis courut à l'Hôtel de Ville, où était madame de Longueville.

A la première nouvelle de la paix, la belle duchesse jeta les hauts cris.

La guerre la faisait reine, la paix amenait son abdication.

Elle déclara qu'elle ne signerait jamais au traité et qu'elle voulait une guerre éternelle.

Mais, lorsque Aramis lui eut présenté cette paix sous son véritable jour, c'est-à-dire avec tous ses avantages, lorsqu'il lui eut montré, en échange de sa royauté précaire et contestée de Paris, c'est-à-dire la vice-royauté de Pont-de-l'Arche, c'est-à-dire la Normandie tout entière ; lorsqu'il eut fait sonner à ses oreilles les cinq cent mille livres promises par le roi en tenant son enfant sur les fonts de baptême, madame de Longueville ne contesta plus que par l'habitude qu'ont les jolies femmes de contester, et ne se défendit plus que pour se rendre.

Aramis fit semblant de croire à la réalité de son opposition, et ne voulut pas à ses propres yeux s'ôter le mérite de l'avoir persuadée.

— Madame, lui dit-il, vous avez voulu battre une bonne fois M. le Prince, votre frère, c'est-à-dire le plus grand capitaine de l'époque, et, lorsque les femmes de génie le veulent, elles réussissent toujours. Vous avez réussi. M. le Prince est battu, puisqu'il ne peut plus faire la guerre. Maintenant, attirez-le à notre parti, détachez-le tout doucement de la reine, qu'il n'aime pas, et de M. de Mazarin, qu'il méprise. La Fronde est une comédie dont nous n'avons encore joué que le premier acte. Attendons M. de Mazarin au dénoûment, c'est-à-dire au jour où M. le Prince, grâce à vous, se sera tourné contre la cour.

Madame de Longueville fut persuadée.

Elle était si bien convaincue du pouvoir de ses beaux yeux, la frondeuse duchesse, qu'elle ne douta point de leur influence, même sur M. de Condé, et la chronique scandaleuse du temps dit qu'elle n'avait pas trop présumé.

Athos, en quittant Aramis à la place Royale, s'était rendu chez madame de Chevreuse.

C'était encore une frondeuse à persuader, mais celle-ci était plus difficile à convaincre que sa jeune rivale.

Il n'avait été stipulé aucune condition en sa faveur.

M. de Chevreuse n'était nommé gouverneur d'aucune province, et, si la reine consentait à être marraine, ce ne pouvait être que de son petit-fils ou de sa petite-fille.

Aussi, au premier mot de la paix, madame de Chevreuse

fronça-t-elle le sourcil, et, malgré toute la logique d'Athos pour lui montrer qu'une plus longue guerre était impossible, elle insista en faveur des hostilités.

— Belle amie, dit Athos, permettez-moi de vous dire que tout le monde est las de la guerre ; qu'excepté vous et M. le coadjuteur peut-être, tout le monde désire la paix. Voulez-vous vous faire exiler comme du temps du roi Louis XIII ? Croyez-moi, nous avons passé l'âge des succès en intrigue, et vos beaux yeux ne sont pas destinés à s'éteindre en pleurant à Paris, où il y aura toujours deux reines tant que vous y serez.

— Oh ! dit la duchesse, je ne puis faire la guerre toute seule, mais je puis me venger de cette reine ingrate et de cet ambitieux favori, et... foi de duchesse ! je me vengerai.

— Madame, dit Athos, je vous en supplie, ne faites pas un avenir mauvais à M. de Bragelonne. Le voilà lancé, M. le Prince lui veut du bien, il est jeune, laissons un jeune roi s'établir. Hélas ! excusez ma faiblesse, madame : il vient un moment où l'homme revit et rajeunit dans ses enfants.

La duchesse sourit, moitié tendrement, moitié ironiquement.

— Comte, dit-elle, vous êtes, j'en ai bien peur, gagné au parti de la cour. N'avez-vous pas quelque cordon bleu dans votre poche ?

— Oui, madame, dit Athos. J'ai celui de la Jarretière, que le roi Charles Ier m'a donné quelques jours avant sa mort.

Le comte disait vrai.

Il ignorait la demande de Porthos, et ne savait pas qu'il en eût un autre que celui-là.

— Allons ! il faut devenir vieille femme, dit la duchesse rêveuse.

Athos lui prit la main et la lui baisa.

Elle soupira en le regardant.

— Comte, dit-elle, ce doit être une charmante habitation que Bragelonne. Vous êtes homme de goût ; vous devez avoir de l'eau, des bois, des fleurs.

Elle soupira de nouveau, et elle appuya sa tête charmante sur sa main coquettement recourbée et toujours admirable de forme et de blancheur.

— Madame, répliqua le comte, que disiez-vous donc tout à l'heure ? jamais je ne vous ai vue si jeune, jamais je ne vous ai vue plus belle.

La duchesse secoua la tête.

— M. de Bragelonne reste-t-il à Paris ? dit-elle.

— Qu'en pensez-vous ? demanda Athos.

— Laissez-le-moi, reprit la duchesse.

— Non pas, madame. Si vous avez oublié l'histoire d'Œdipe, moi, je m'en souviens.

— En vérité, vous êtes charmant, comte, et j'aimerais à vivre un mois à Bragelonne.

— N'avez-vous pas peur de me faire bien des envieux, duchesse ? répondit galamment Athos.

— Non, j'irai incognito, comte, sous le nom de Marie Michon.

— Vous êtes adorable, madame.

— Mais Raoul, ne le laissez pas près de vous.

— Pourquoi cela ?

— Parce qu'il est amoureux.

— Lui, un enfant !

— Aussi est-ce une enfant qu'il aime !

— En vérité, vous êtes charmant, comte, et j'aimerais à vivre un mois à Bragelonne. — Page 127.

Athos devint rêveur

— Vous avez raison, duchesse, cet amour singulier pour une enfant de sept ans peut le rendre bien malheureux un jour. On va se battre en Flandre, il ira.

— Puis, à son retour, vous me l'enverrez, je le cuirasserai contre l'amour.

— Hélas ! madame, dit Athos, aujourd'hui l'amour est comme la guerre, et la cuirasse y est devenue inutile.

En ce moment, Raoul entra.

Il venait annoncer au comte et à la duchesse que le comte de Guiche, son ami, l'avait prévenu que l'entrée solennelle du roi, de la reine et du ministre devait avoir lieu le lendemain.

Le lendemain, en effet, dès la pointe du jour, la cour fit tous ses préparatifs pour quitter Saint-Germain.

La reine, dès la veille au soir, avait fait venir d'Artagnan

— Que Votre Majesté soit tranquille, dit d'Artagnan, je réponds du roi.

— Monsieur, lui avait-elle dit, on m'assure que Paris n'est pas tranquille. J'aurai peur pour le roi; mettez-vous à la portière de droite.

— Que Votre Majesté soit tranquille, dit d'Artagnan, je réponds du roi.

Et, saluant la reine, il sortit.

En ce moment, Bernouin vint lui dire que le cardinal l'attendait pour choses importantes.

Il se rendit aussitôt chez le cardinal.

— Monsieur, lui dit Mazarin, on parle d'émeute à Paris. Je me trouverai à la gauche du roi, et, comme je serai principalement menacé, tenez-vous à la portière de gauche.

— Que Votre Eminence se rassure, dit d'Artagnan, on ne touchera pas à un cheveu de sa tête.

— Diable! fit-il une fois dans l'antichambre, comment me tirer de là? Je ne puis cependant pas être à la fois à la portière de gauche et à celle de droite. Ah bah! je garderai le roi, et Porthos gardera le cardinal.

Cet arrangement convint à tout le monde, ce qui est assez rare.

La reine avait confiance dans le courage de d'Artagnan, qu'elle connaissait, et le cardinal dans la force de Porthos, qu'il avait éprouvée.

Le cortége se mit en route pour Paris dans un ordre arrêté d'avance:

Guitaut et Comminges, en tête des gardes, marchaient les premiers.

Puis venait la voiture royale ayant à l'une de ses portières d'Artagnan, à l'autre Porthos.

Puis les mousquetaires, les vieux amis de d'Artagnan depuis vingt-deux ans, leur lieutenant depuis vingt, leur capitaine depuis la veille.

En arrivant à la barrière, la voiture fut saluée par de grands cris de: Vive le roi! et de: Vive la reine!

Quelques cris de: Vive Mazarin! s'y mêlèrent, mais n'eurent point d'échos.

On se rendait à Notre-Dame, où devait être chanté un Te Deum.

Tout le peuple de Paris était dans les rues.

On avait échelonné les Suisses sur toute la longueur de la route.

Mais, comme la route était longue, ils n'étaient placés qu'à six ou huit pas de distance et sur un seul homme de hauteur.

Le rempart était donc tout à fait insuffisant, et de temps en temps la digue rompue par un flot de peuple avait toutes les peines du monde à se reformer.

A chaque rupture, toute bienveillante d'ailleurs, puisqu'elle tenait au désir qu'avaient les Parisiens de revoir leur roi et leur reine, dont ils étaient privés depuis une année, Anne d'Autriche regardait d'Artagnan avec inquiétude, et celui-ci la rassurait avec un sourire.

Mazarin, qui avait dépensé un millier de louis pour faire crier: Vive Mazarin! et qui n'avait pas estimé les cris qu'il avait entendus à vingt pistoles, regardait aussi avec inquiétude Porthos.

Mais le gigantesque garde du corps répondait à ce regard avec une si belle voix de basse. — Soyez tranquille, monseigneur! qu'en effet Mazarin se tranquillisait de plus en plus.

En arrivant au Palais-Royal, on trouva la foule plus grande encore.

Elle avait afflué sur cette place par toutes les rues adjacentes, et l'on voyait, comme une large rivière houleuse, tout ce populaire venant au-devant de la voiture, et roulant tumultueusement dans la rue Saint-Honoré.

Lorsqu'on arriva sur la place, de grands cris de: Vive Leurs Majestés! retentirent.

Mazarin se pencha à la portière.

Deux ou trois cris de: Vive le cardinal! saluèrent son apparition.

Mais, presque aussitôt, des sifflets et des huées les étouffèrent impitoyablement.

Mazarin pâlit et se jeta précipitamment en arrière.

— Canailles! murmura Porthos.

D'Artagnan ne dit rien, mais frisa sa moustache avec un geste particulier qui indiquait que sa bile gasconne commençait à s'échauffer.

Anne d'Autriche se pencha à l'oreille du jeune roi et lui dit tout bas:

— Faites un geste gracieux, et adressez quelques mots à M. d'Artagnan, mon fils.

Le jeune roi se pencha à la portière.

— Je ne vous ai pas encore souhaité le bonjour, monsieur d'Artagnan, dit-il, et cependant je vous ai bien reconnu. C'est vous qui étiez derrière les courtines de mon lit, cette nuit où les Parisiens ont voulu me voir dormir.

— Et, si le roi le permet, dit d'Artagnan, c'est moi qui serai près de lui toutes les fois qu'il y aura un danger à courir.

— Monsieur, dit Mazarin à Porthos, que feriez-vous si tout le peuple se ruait sur nous?

— J'en tuerais le plus que je pourrais, monseigneur, dit Porthos.

— Hum! fit Mazarin; tout brave et tout vigoureux que vous êtes, vous ne pourriez tout tuer.

— C'est vrai, dit Porthos en se haussant sur ses étriers pour mieux découvrir les immensités de la foule, c'est vrai, il y en a beaucoup.

— Je crois que j'aimerais mieux l'autre, dit Mazarin.

Et il se jeta dans le fond du carrosse.

La reine et son ministre avaient raison d'éprouver quelque inquiétude, du moins le dernier.

La foule, tout en conservant les apparences du respect et même de l'affection pour le roi et la régente, commençait à s'agiter tumultueusement.

On entendait courir de ces rumeurs sourdes qui, quand elles rasent les flots, indiquent la tempête, et qui, lorsqu'elles rasent la multitude, présagent l'émeute.

D'Artagnan se retourna vers les mousquetaires et fit, en clignant de l'œil, un signe imperceptible pour la foule, mais très-compréhensible pour cette brave élite.

Les rangs des chevaux se resserrèrent, et un léger frémissement courut parmi les hommes.

A la barrière des Sergents, on fut obligé de faire halte.

Comminges quitta la tête de l'escorte, qu'il tenait, et vint au carrosse de la reine.

La reine interrogea d'Artagnan du regard, d'Artagnan lui repondit dans le même langage.

— Allez en avant, dit la reine

Comminges regagna son poste.

On fit un effort, et la barrière vivante fut rompue violemment.

Quelques murmures s'élevèrent de la foule, qui cette fois s'adressaient aussi bien au roi qu'au ministre.

— En avant! cria d'Artagnan à pleine voix.

— En avant! répéta Porthos.

Mais, comme si la multitude n'eût attendu que cette démonstration pour éclater, tous les sentiments d'hostilité qu'elle renfermait éclatèrent à la fois.

Les cris de : A bas Mazarin! à mort le cardinal! retentirent de tous côtés.

En même temps, par les rues de Grenelle-Saint-Honoré et du Coq, un double flot se rua, qui rompit la faible haie des gardes suisses, et s'en vint tourbillonner jusqu'aux jambes du cheval de d'Artagnan et de Porthos.

Cette nouvelle irruption était plus dangereuse que les autres, car elle se composait de gens armés, et mieux armés même que ne le sont les hommes du peuple en pareil cas.

On voyait que ce dernier mouvement n'était pas l'effet du hasard qui avait réuni un certain nombre de mécontents sur le même point, mais la combinaison d'un esprit hostile qui avait organisé une attaque.

Ces deux masses étaient conduites chacune par un chef.

L'un, qui semblait appartenir non pas au peuple, mais même à l'honorable corporation des mendiants.

L'autre que, malgré son affectation à imiter les airs du peuple, il était facile de reconnaître pour un gentilhomme.

Tous deux agissaient évidemment poussés par une même impulsion.

Il y eut une vive secousse qui retentit jusque dans la voiture royale.

Puis des milliers de cris, formant une vaste clameur, se firent entendre, entrecoupés de deux ou trois coups de feu.

— A moi, les mousquetaires! cria d'Artagnan.

L'escorte se sépara en deux files.

L'une passa à droite du carrosse, l'autre à gauche.

L'une vint au secours de d'Artagnan, l'autre de Porthos.

Alors une mêlée s'engagea, d'autant plus terrible qu'elle n'avait pas de but, d'autant plus funeste qu'on ne savait ni pourquoi ni pour qui on se battait.

Comme tous les mouvements de la populace, le choc de cette foule fut terrible.

Les mousquetaires, peu nombreux, mal alignés, ne pouvant, au milieu de cette multitude, faire circuler leurs chevaux, commencèrent par être entamés.

D'Artagnan avait voulu faire baisser les mantelets de la voiture; mais le jeune roi avait étendu le bras en disant .

— Non, monsieur d'Artagnan, je veux voir.

— Si Votre Majesté veut voir, dit d'Artagnan, eh bien! qu'elle regarde!

Et, se retournant avec cette furie qui le rendait si terrible, d'Artagnan bondit vers le chef des émeutiers, qui, un pistolet d'une main, une large épée de l'autre, essayait de se frayer un passage jusqu'à la portière, en luttant avec deux mousquetaires.

— Place, mordioux! cria d'Artagnan, place!

A cette voix, l'homme au pistolet et à la large épée leva la tête.

Il était déjà trop tard : le coup de d'Artagnan était porté.

La rapière lui avait traversé la poitrine.

— Ah! ventre-saint-gris! cria d'Artagnan, essayant trop tard de retenir le coup, que diable veniez-vous faire ici comte?

— Accomplir ma destinée, dit Rochefort en tombant sur un genou. Je me suis déjà relevé de trois de vos coups d'épée; mais je ne me relèverai pas du quatrième.

— Comte, dit d'Artagnan avec une certaine émotion, j'ai frappé sans savoir que ce fût vous. Je serais fâché, si vous mouriez, que vous mourussiez avec des sentiments de haine contre moi.

Rochefort tendit la main à d'Artagnan

D'Artagnan la lui prit

Le comte voulut parler, mais une gorgée de sang étouffa sa parole.

Il se roidit dans une dernière convulsion et expira.

— Arrière, canaille! cria d'Artagnan. Votre chef est mort, et vous n'avez plus rien à faire ici.

En effet, comme si le comte de Rochefort eût été l'âme de l'attaque qui se portait de ce côté du carrosse du roi, toute la foule qui l'avait suivi et qui lui obéissait prit la fuite en le voyant tomber.

D'Artagnan poussa une charge avec une vingtaine de mousquetaires dans la rue du Coq, et cette partie de l'émeute disparut comme une fumée en s'éparpillant sur la place Saint-Germain-l'Auxerrois et en disparaissant par les quais.

D'Artagnan revint pour porter secours à Porthos, si Porthos en avait besoin.

Mais Porthos, de son côté, avait fait son œuvre avec la même conscience que d'Artagnan.

La gauche du carrosse était non moins bien déblayée que la droite, et l'on relevait le mantelet de la portière que Mazarin, moins belliqueux que le roi, avait pris la précaution de faire baisser.

Porthos avait l'air fort mélancolique.

— Quelle diable de mine faites-vous donc là, Porthos? et quel singulier air vous avez pour un victorieux!

— Mais vous-même, dit Porthos, vous me semblez tout ému?

— Il y a de quoi, mordioux! je viens de tuer un ancien ami.

— Vraiment! dit Porthos. Qui donc?

— Ce pauvre comte de Rochefort!..

— Eh bien! c'est comme moi, je viens de tuer un homme dont la figure ne m'est pas inconnue; malheureusement je l'ai frappé à la tête, et en un instant il a eu le visage plein de sang.

— Et il n'a rien dit en tombant?

— Arrière, canaille! cria d'Artagnan, votre chef est mort, et vous n'avez plus rien à faire ici. — PAGE 131.

— Si fait, il a dit... Ouf!

— Je comprends, dit d'Artagnan, ne pouvant s'empêcher de rire, que, s'il n'a pas dit autre chose, cela n'a pas dû vous éclairer beaucoup.

— Eh bien! monsieur? demanda la reine.

— Madame, dit d'Artagnan, la route est parfaitement libre, et Votre Majesté peut continuer son chemin.

En effet, tout le cortége arriva sans autre accident à l'église Notre-Dame, sous le portail de laquelle tout le clergé, le coadjuteur en tête, attendait le roi, la reine et le ministre, pour la bienheureuse rentrée desquels on allait chanter le *Te Deum*.

Pendant le service et vers le moment où il tirait à sa fin, un gamin tout effaré entra dans l'église, courut à la sacristie, s'habilla rapidement en enfant de chœur, et fendant,

grâce au respectable uniforme dont il venait de se couvrir, la foule qui encombrait le temple, il s'approcha de Bazin, qui, revêtu de sa robe bleue et sa baleine garnie d'argent à la main, se tenait gravement placé en face du suisse à l'entrée du chœur.

Bazin sentit qu'on le tirait par sa manche.

Bazin sentit qu'on le tirait par sa manche.

Il abaissa vers la terre ses yeux béatiquement levés vers le ciel, et reconnut Friquet.

— Eh bien! drôle, qu'y a-t-il, que vous osez me déranger dans l'exercice de mes fonctions? demanda le bedeau.

— Il y a, monsieur Bazin, dit Friquet, que M. Maillard,

vous savez bien, le donneur d'eau bénite de Saint-Eustache...

— Oui, après?...

— Eh bien! il a reçu dans la bagarre un coup d'épée sur la tête; c'est ce grand géant qui est là, vous voyez, brodé sur toutes les coutures, qui le lui a donné.

— Oni, et en ce cas, dit Bazin, il doit être bien malade.

— Si malade qu'il se meurt, et qu'il voudrait, avant de mourir, se confesser à M. le coadjuteur, qui a pouvoir, à ce qu'on dit, de remettre les gros péchés.

— Qui t'a dit cela?

— M. Maillard lui-même.

— Tu l'as donc vu?

— Certainement : j'étais là quand il est tombé.

— Et que faisais-tu là?

— Tiens, je criais : A bas Mazarin! à mort le cardinal! à la potence l'Italien! N'est-ce pas cela que vous m'aviez dit de crier?

— Veux-tu te taire, petit drôle! dit Bazin en regardant avec inquiétude autour de lui.

— De sorte qu'il m'a dit, ce pauvre M. Maillard : « Va chercher M. le coadjuteur, Friquet, et, si tu me l'amènes, je te fais mon héritier. » Dites donc, père Bazin : l'héritier de M. Maillard, le donneur d'eau bénite à Saint-Eustache! hein! je n'ai plus qu'à me croiser les bras! C'est égal, je voudrais toujours bien lui rendre ce service-là, qu'en dites-vous?

— Je vais prévenir M. le coadjuteur, dit Bazin.

En effet, il s'approcha respectueusement et lentement du prélat, lui dit à l'oreille quelques mots auxquels celui-ci répondit par un signe affirmatif, et revenant du même pas qu'il était allé :

— Va dire au moribond qu'il prenne patience, monseigneur sera chez lui dans une heure.

— Bon! dit Friquet, voilà ma fortune faite.

— A propos, dit Bazin, où s'est-il fait porter?

— A la tour Saint-Jacques-la-Boucherie.

Et, enchanté du succès de son ambassade, Friquet, sans quitter son costume d'enfant de chœur, qui d'ailleurs lui donnait une plus grande facilité de parcours, sortit de la basilique et prit, avec toute la rapidité dont il était capable, la route de la tour Saint-Jacques-la-Boucherie.

En effet, aussitôt le *Te Deum* achevé, le coadjuteur, comme il l'avait promis, et sans même quitter ses habits sacerdotaux, s'achemina à son tour vers la vieille tour qu'il connaissait si bien.

Il arrivait à temps.

Quoique plus bas de moment en moment, le blessé n'était pas encore mort.

On lui ouvrit la porte de la pièce où agonisait le mendiant.

Un instant après, Friquet sortit en tenant à la main un gros sac de cuir qu'il ouvrit aussitôt qu'il fut hors de la chambre, et qu'à son grand étonnement il trouva plein d'or.

Le mendiant lui avait tenu parole et l'avait fait son héritier.

— Ah! mère Nanette! s'écria Friquet suffoqué, ah! mère Nanette!

Il n'en put dire davantage.

Mais la force qui lui manquait pour parler lui resta pour agir.

Il prit vers la rue une course désespérée, et, comme le Grec de Marathon tomba sur la place d'Athènes, son laurier à la main, Friquet arriva sur le seuil du conseiller Broussel, et tomba en arrivant, éparpillant sur le parquet les louis qui dégorgeaient de son sac.

La mère Nanette commença par ramasser les louis, et ensuite ramassa Friquet.

Pendant ce temps, le cortège rentrait au Palais-Royal.

— C'est un bien vaillant homme, ma mère, que ce M. d'Artagnan! dit le jeune roi.

— Oui, mon fils, et qui a rendu de bien grands services à votre père. Ménagez-le donc pour l'avenir.

— Monsieur le capitaine, dit en descendant de voiture le jeune roi à d'Artagnan, madame la reine me charge de vous inviter à dîner pour aujourd'hui, vous et votre ami M. le baron du Vallon.

C'était un grand honneur pour d'Artagnan et pour Porthos.

Aussi Porthos était-il transporté.

Cependant, pendant toute la durée du repas, le digne gentilhomme parut tout préoccupé.

— Mais qu'avez-vous donc, baron? lui dit d'Artagnan en descendant l'escalier du Palais-Royal; vous aviez l'air tout sérieux pendant le dîner.

— Je cherchais, dit Porthos, à me rappeler où j'ai vu ce mendiant que je dois avoir tué.

— Et vous ne pouvez en venir à bout?

— Non.

— Eh bien! cherchez, mon ami, cherchez; quand vous l'aurez trouvé, vous me le direz, n'est-ce pas?

— Pardieu! fit Porthos.

CONCLUSION.

En rentrant chez eux, les deux amis trouvèrent une lettre d'Athos qui leur donnait rendez-vous au Grand-Charlemagne pour le lendemain matin.

Tous deux se couchèrent de bonne heure, mais ni l'un ni l'autre ne dormit.

On n'arrive pas ainsi au but de tous ses désirs sans que ce but atteint n'ait l'influence de chasser le sommeil, au moins pendant la première nuit.

Le lendemain, à l'heure indiquée, tous deux se rendirent chez Athos.

Ils trouvèrent le comte et Aramis en habits de voyage.

— Tiens, dit Porthos, nous partons donc tous? Moi aussi j'ai fait mes paquets ce matin.

— Oh! mon Dieu, oui, dit Aramis, il n'y a plus rien à faire à Paris, du moment où il n'y a plus de Fronde. Madame de Longueville m'a invité à aller passer quelques jours en Normandie, et m'a chargé, tandis qu'on baptisera son fils, d'aller lui faire préparer ses logements à Rouen. Je vais m'acquitter de cette mission, puis, s'il n'y a rien de nouveau, je retournerai m'ensevelir dans mon couvent de Noisy-le-Sec.

— Et moi, dit Athos, je retourne à Bragelonne. Vous le savez, mon cher d'Artagnan, je ne suis plus qu'un bon et brave campagnard. Raoul n'a d'autre fortune que ma fortune, pauvre enfant! et il faut que je veille sur elle, puisque je ne suis en quelque sorte qu'un prête-nom.

— Et Raoul, qu'en faites-vous?

— Je vous le laisse, ami. On va faire la guerre en Flandre, vous l'emmènerez : j'ai peur que le séjour de Blo ne soit dangereux à sa jeune tête. Emmenez-le et apprenez-lui à être brave et loyal comme vous.

— Et moi, dit d'Artagnan, je ne vous aurai plus, Athos:

mais au moins je l'aurai, cette chère tête blonde; et, quoique ce ne soit qu'un enfant, comme votre âme tout entière revit en lui, cher Athos, je croirai toujours que vous êtes là près de moi, m'accompagnant et me soutenant.

Les quatre amis s'embrassèrent les larmes aux yeux.

Puis ils se séparèrent sans savoir s'ils se reverraient jamais.

D'Artagnan revint rue Tiquetonne avec Porthos, toujours préoccupé et toujours cherchant quel était cet homme qu'il avait tué.

En arrivant devant l'hôtel de la Chevrette, on trouva les équipages du baron prêts et Mousqueton en selle.

— Venez, d'Artagnan, dit Porthos; quittez l'épée et venez avec moi à Pierrefonds, à Bracieux ou au Vallon : nous vieillirons ensemble en parlant de nos compagnons.

— Non pas, dit d'Artagnan. Peste! on va ouvrir la campagne, et je veux en être; j'espère bien y gagner quelque chose.

— Et qu'espérez-vous donc devenir?

— Maréchal de France, pardieu!

— Ah! ah! fit Porthos en regardant d'Artagnan, aux gasconnades duquel il n'avait jamais pu se faire entièrement.

— Venez avec moi, Porthos, dit d'Artagnan : je vous ferai duc!

— Non, dit Porthos, Mouston ne veut plus faire la guerre. D'ailleurs, on m'a ménagé une entrée solennelle chez moi, qui fera crever de dépit tous mes voisins.

— A ceci je n'ai rien à répondre, dit d'Artagnan, qui

connaissait la vanité du nouveau baron. Au revoir donc, mon ami.

— Au revoir, cher capitaine, dit Porthos. Vous savez que, lorsque vous me voudrez venir voir, vous serez toujours le bienvenu dans ma baronnie.

— Oui, dit d'Artagnan, au retour de la campagne, j'irai.

— Les équipages de M. le baron attendent, dit Mousqueton

Les quatre amis s'embrassèrent les larmes aux yeux. — PAGE 135.

Les quatre amis se séparèrent après s'être serré la main.

D'Artagnan resta sur la porte, suivant d'un œil mélancolique Porthos qui s'éloignait.

Mais au bout de vingt pas Porthos s'arrêta tout court, se frappa le front et revint.

— Je me rappelle, dit-il.

— Quoi? demanda d'Artagnan

— Quel est ce mendiant que j'ai tué.

— Ah ! vraiment ! Qui est-ce ?

— C'est cette canaille de Bonacieux.

Et Porthos, enchanté d'avoir l'esprit libre, rejoignit Mouston, avec lequel il disparut au coin de la rue.

D'Artagnan demeura un instant immobile et pensif.

Puis, en se retournant, il aperçut la belle Madeleine qui,

— Ah ! vraiment ! Qui est-ce ? — C'est cette canaille de Bonacieux.

inquiète des nouvelles grandeurs de d'Artagnan, se tenait
debout sur le seuil de la porte.

— Madeleine, dit le Gascon, donnez-moi l'appartement du

premier ; je suis obligé de représenter, maintenant que je
suis capitaine des mousquetaires. Mais gardez-moi toujours ma chambre du cinquième : on ne sait pas ce qui peut
arriver.

FIN

TABLE DES CHAPITRES

CONTENUS DANS LE TROISIÈME VOLUME

www.ingramcontent.com/pod-product-compliance
Lightning Source LLC
Chambersburg PA
CBHW071952110426
42744CB00030B/996